壟斷市場

奴役金錢的大慈善家

洛克菲勒

John Davison Rockefeller

劉超——著

崧燁文化

目錄

人物簡介

名人簡介

　　約翰．戴維森．洛克菲勒（John Davison Rockefeller）（一八三九至一九三七），美國實業家、慈善家，以石油工業與塑造現代慈善事業企業化結構而聞名。

　　一八三九年七月八日，洛克菲勒出生於一個貧窮的家庭，在六個孩子中排行第二。由於母親一直對他灌輸節儉、勤奮等觀念，他從小便是個「口齒清晰，講究方法，謹慎小心」的孩子。

　　一八五五年九月，十六歲的洛克菲勒經過六個禮拜的求職後，終於在休伊特—塔特爾（Hewitt & Tuttle）公司開始了第一份工作：簿記員（bookkeeper），月薪是十七美元。

　　一八五八年，十九歲的他離職與克拉克合夥獨立經營農產品生意。

　　一八六三年，洛克菲勒和克拉克轉向石油提煉投資，並和另一位合夥人——化學家安德魯斯，成立安德魯斯—克拉克公司。

　　一八六五年，洛克菲勒和合夥人克拉克在經營方針上出現嚴重分歧。最後，他大量借債籌措現金，成功將克拉克股權全數

買下。

一八六六年，招入弟弟威廉・洛克菲勒為生意夥伴。

一八六七年，招入亨利・弗拉格勒為另一合夥人，於是洛克菲勒—安德魯斯—弗拉格勒公司誕生。這便是標準石油前身。

一八六八年，公司在克里夫蘭（Cleveland）擁有兩處煉油區，並在紐約設有一個交易點，已經是世界上最大煉油商。

一八七〇年，他創立標準石油公司，在全盛時期，他壟斷了全美百分之九十的石油市場，成為美國第一位十億美元富豪與全球首富。

一八九六年，五十七歲的洛克菲勒繼續拓展營銷外，將多數精力放到了發展慈善事業上，設立了「洛克菲勒基金會」，專門負責捐款。

一九三七年五月二十三日，九十八歲的洛克菲勒在他位於奧爾蒙德海灘的別墅裡與世長辭了。

他一生勤儉自持，年輕時便身居全球首富，並熱心於慈善事業，成為美國近代史上最富傳奇色彩與爭議性的人物之一。

成就與貢獻

洛克菲勒創建了一個史無前例的托拉斯（trust）。他透過兼併和擴張壟斷了美國石油工業，被人稱為「石油大王」，共計合

併四十多家廠商,壟斷全國石油工業。

　　洛克菲勒在他人生剩餘的四十年致力於慈善事業,主要是教育和醫學領域。他出資成立洛克菲勒研究所,資助北美醫學研究,包括根除十二指腸寄生蟲和黃熱病,也對抗生素的發現貢獻甚大。另外難得的是,他對黑人族群非常關心,並斥巨資提升黑人教育,廣設學校。

地位與影響

　　洛克菲勒的人生先是一段漫長而充滿爭議的商業歷程,接著是慈善之旅,導致他形象複雜。他過去的競爭者中,許多企業被逼破產,但也有許多企業將資產賣給他而獲得可觀的利潤。

　　雖然洛克菲勒的人生有這些不同,但他最終會被世人永遠記得的或許依然是他財富的規模。一九〇二年,他的財產是兩億美元,而美國 GDP 是兩百四十億美元。隨著美國現代化,能源需求大量增加,他的財富也繼續快速飆漲,在第一次世界大戰前夕達到了約九億美元。

　　在一九三七年洛克菲勒去世時,他的財富總值估計為十四億美元,而美國 GDP 為九百二十億美元。洛克菲勒的財產在二十世紀,依然在慈善、商業以及政治方面幫助他的後輩。

養成勤奮習慣

> 如果你視工作為一種樂趣，人生就是天堂；
> 如果你視工作為一種義務，人生就是地獄。
>
> ——洛克菲勒

貧窮少年早當家

一八三九年七月八日，在紐約州里奇福德鎮（Richford）的一個農場裡，一個男嬰呱呱落地，來到這個生活雜亂的家庭。

這個男嬰被他的父親取名為約翰・戴維森・洛克菲勒。誰也沒想到，他就是日後享譽世界的「石油大王」洛克菲勒。

人們都稱洛克菲勒的父親威廉・埃弗里・洛克菲勒為「大比爾」。他是個風流倜儻、放浪不羈的男人。他雖然擁有土地，

卻不喜歡務農。富有冒險精神和生意眼光的「大比爾」把土地租給別人耕種，自己做起推銷鹽、皮毛、馬匹和小首飾等雜貨的小生意。

後來，「大比爾」又憑著看過兩本醫書的底子，當上了江湖醫生，走南闖北，到處兜售藥品。是否治好了病人，沒人知道，可是鈔票卻賺了不少。他偶爾回一次家，總是帶回大把的美元，還從中抽出一、兩張一元的新鈔票送給兒子當禮物。

約翰．洛克菲勒有兩個姐姐，其中一個是洛克菲勒的母親阿萊扎．戴維森．洛克菲勒所生；另一個是家中的管家南希．布朗所生。他們有一個共同的父親：威廉．埃弗里．洛克菲勒。

原來，「大比爾」在與阿萊扎之外，還與家裡的女管家私通並生了一個孩子，而且這種關係至少維持了五年。在洛克菲勒出生後不久，南希．布朗的第二個女兒也出生了。

南希在生完第二個女兒後，或者是因為地位問題，或者是覺得「大比爾」根本無法指望，經常與「大比爾」大吵大鬧，後來乾脆另嫁他人。十幾年後，四十二歲的「大比爾」本性不改，私下與十七歲的瑪格麗特私通並結了婚，過起重婚者的生活。

南希離開後，洛克菲勒的媽媽阿萊扎的生活並沒有好轉。其實阿萊扎從一開始就沒有怨恨過南希。

一方面由於她堅定的宗教信仰，她不會怨恨任何人，也不應該怨恨任何人；另一方面，她的父親一開始就反對她嫁給威

廉‧埃弗里‧洛克菲勒，因為他認為「大比爾」接近阿萊扎就是要從自己這裡騙錢，更不相信這個不可靠的女婿能夠給阿萊扎帶來幸福。時間似乎越來越證明父親的判斷是對的。而這些，都讓剛強的阿萊扎不能後悔。

阿萊扎依然相信「大比爾」會隨著年齡的增長收心，盡到一個父親應盡的職責，否則她也不會在「大比爾」長時間外出時，自己料理家中的五十畝地。要知道，就算阿萊扎生長在農村，料理五十畝地也是一項超負荷的工作。

阿萊扎第一次與「大比爾」見面，芳心就被高大英俊的他俘虜了。雖然「大比爾」經常不在家，但是只要他一回來，就會滔滔不絕地講述各地見聞，既幽默又風趣，加上每次回家時都準時到商店結清賒帳款，所以阿萊扎還是對「大比爾」難以捨棄。直到阿萊扎知道「大比爾」與別人結婚後，才對丈夫不再有指望與依靠了。

反觀「大比爾」在失蹤期間卻過得很快樂，他做木材生意賺了大錢，同時投資收費道路。但隨著紐約州和賓州開始在道路上增設鐵軌，摩拉維亞鎮也開始修建這種鐵路，「大比爾」因此破產。

貧窮的生活，加之父親經常在外，那麼洛克菲勒究竟依靠什麼成長的呢？答案是母親和信仰宗教。

洛克菲勒的母親阿萊扎是一位十分虔誠的基督教徒。她性

格堅強，勤勞節儉，從不發脾氣，也不大聲說話，總是平靜地承受生活的壓力。可是孩子們在她嚴厲的目光下，卻對她敬畏有加。這種不言自威的特點完全被洛克菲勒繼承下來了。

洛克菲勒後來把自己的慈善事業歸功於母親無私奉獻精神的影響。他很小就明白上帝希望信徒去賺錢，然後再把錢捐贈出去，這將是個永不停止的良性循環。

因為洛克菲勒從小就不斷受到各種清教格言警句的薰陶，所以他以此作為個人的行為準則。他的許多清教徒觀念儘管在下一代人看來似乎已經過時，卻恰恰是他少年時的宗教常識。

「我從一開始接受的教育就是要工作賺錢，」洛克菲勒說，「光明磊落地賺錢，然後盡我所能地給予。這一向被我視為一種宗教義務。在我還是個孩子時，牧師就教我這麼做了。」

從七歲起，洛克菲勒基本上就承擔了常年不在家的父親的工作，既要幫母親做家務，還要照顧弟弟妹妹，帶領他們去參加浸信會活動。與許多孩子相比，洛克菲勒不僅早熟，而且明白生活的艱難。

清晨四點，天邊剛透出一縷晨曦，就傳來母親的呼喚：「約翰！趕緊起床吧！」

洛克菲勒一邊揉著眼睛，一邊趕緊穿衣服。他拿起一隻鐵桶，來到昏暗的穀倉，站在奶牛剛剛爬起的地方來溫暖他的雙腳。

　　他熟練地擠著牛奶，奶牛友好地對他「哞哞」叫著，像是對他道「早安」。擠完奶，他親熱地用手撫摸著牛的脊背，放好鐵桶，又拿起工具，跟著母親去侍弄菜園。

　　這是一塊馬鈴薯田，長得十分茂盛的深綠色枝葉掛著露珠，不一會兒就把洛克菲勒的褲腳弄濕了。清涼的晨風又「呼呼」地刮過來，弄得洛克菲勒身上陣陣發冷，禁不住打起了噴嚏。

　　「約翰！趕快回家吧！該去上學了。」母親直起腰，擦著頭上的汗，呼喊著。

　　「還來得及，我再弄一下。」洛克菲勒心疼母親，總想儘量多幫忙。

　　「威廉！你去打掃一下院子。」洛克菲勒對弟弟下命令。

　　「哥哥，我餓了！」最小的弟弟富蘭克林叫著。

　　吃飯的時間到了。洛克菲勒趕緊把麵包、牛奶放到桌上。「孩子們！開飯了！」

　　他像家長似地喊著。弟、妹們對這位長兄總是言聽計從。

　　過早地承擔責任，養成了洛克菲勒自信、果斷、不怕吃苦的特點，也練就了堅強的毅力。這為他成人之後的經商，奠定了不怕磨難的基礎。

　　最難的是，因為父親經常不在家，經濟上很拮据。洛克菲

勒不得不幫助母親精打細算，想方設法節省家裡的開支。他們還經常到食品店賒購食品，等著不知道什麼時候會回家的父親去付帳。

在一般孩子眼中，錢肯定是個神奇的東西，可小小年紀的洛克菲勒卻已經懂得如何賺錢、如何存錢和如何使用錢，如此精打細算實在是一件難得的事情。

已經七歲的洛克菲勒偶然在灌木叢裡發現了一個野火雞窩，一隻羽毛豔麗、臉龐紅紅的大火雞正趴在窩裡孵蛋。洛克菲勒瞪著好奇的眼睛，默默地在心裡盤算：「要是把孵出來的火雞抱回家養起來，等它們長大了賣出去，一定能賺到不少錢！」

於是洛克菲勒每天都要到樹林裡，偷偷探望自己的新朋友──那只大火雞。大雞媽媽終於搖搖擺擺地走出雞窩，一邊「咕咕」叫著，一邊在泥土裡覓食，後面跟著十幾隻小火雞。洛克菲勒高興得心都要跳出來了！

洛克菲勒悄悄地走過去，抱起幾隻小火雞，一口氣跑回了家。他把自家倉房的一角當作小火雞的家，天天找來小蟲子和奶酪來餵養它們，興致勃勃地看著小火雞漸漸長大。

到了感恩節，小火雞都長大了。洛克菲勒把它們裝在筐裡，到附近的農家挨門挨戶地推銷。農婦們看到這些火雞確實又大又便宜，都爭搶著購買。洛克菲勒摸著鼓起的腰包，高興得在地上豎起了「蜻蜓」。他的存錢盒裡鎳幣和銀幣多了起來，又都

變成一張張綠色的鈔票。

儘管賺了錢，母親卻又氣又惱，狠狠地揍了洛克菲勒一頓，可是「大比爾」卻引以為豪，誇讚了兒子一番。

當洛克菲勒看到鄰居家一位頭髮花白的老人在地裡吃力地挖馬鈴薯時，便走過去問道：「您是不是需要我的幫助呢？」

老人高興地僱用了他。他挖了三天馬鈴薯，每天得到三十二分美元的工錢。他一分沒花，全拿到家裡儲存在一個木盒裡。

在一個漆黑的深夜，「大比爾」突然回到家裡。他走進兒子的房間，對兒子說：「把你的木盒拿給我看看。」這是「大比爾」最喜歡做的事，他每次都看到，木盒裡存的錢在增加。他知道，兒子從不亂花一分錢。

可是這一次木盒裡的錢卻一下子少了許多，「大比爾」立刻板起面孔，厲聲問道：「怎麼只有這一點？錢都到哪裡去了？」

洛克菲勒目光平和，默不做聲。

「大比爾」正要發作，洛克菲勒卻笑著說：「我把存起來的五十元錢都借給附近的農民了。利息是百分之七點五。到了明年，我就能拿到三點七五元的利息了。」停了一會兒，他又平靜地說：「我要讓金錢當我的奴隸，我可不能當金錢的奴隸。」

「大比爾」簡直不敢相信自己的耳朵。看到年僅十二歲的兒

子懂得放貸款賺錢，還說出那樣深刻的話，他的火氣頓時煙消雲散。他滿意地用大手撫摸著兒子的頭，不停地稱讚。

洛克菲勒又開口了：「爸爸，我在家裡的農田幫忙工作，您應該給我工錢。明天我把帳本拿給您看，每小時您就給三十七分元吧！」

對這個要求，「大比爾」只覺得合情合理，因為他早就對孩子們實施「按勞付酬」的「政策」了。看到兒子如此精明，他打從心底感到高興，心想：「這小子將來說不定會有出息呢！」

小小年紀就成為家裡支柱的洛克菲勒，他的雄心壯志也令人驚嘆不已。

一個夕陽西下的傍晚，洛克菲勒剛剛砍柴回來，他的朋友們來找他。「約翰！我們出去玩吧！」

「好啊，我正想休息一下。」洛克菲勒回答道。

於是朋友們一起在薩斯奎哈納河（Susquehanna River）邊散步，興高采烈地說著趣事，可洛克菲勒卻好像充耳不聞。他盯著一位路過的富商模樣的人，忽然用不容置疑的口氣說：「等我長大了，我要有十萬美元。我會有的——總會有那一天的。」

他的朋友們驚訝地瞪大了眼睛，看著這個做著發財夢的人。十萬美元在那個時候可不是小數字，當時有一美元就可以稱為富人了，十萬美元可以買下幾百畝的土地呢！

自信的勤儉少年

洛克菲勒和弟弟威廉是在一八五二年八月進入奧韋戈中學學習的。

這所學校是當時紐約州地區最好的中學，建於一八二七年，它有一幢三層高的樓房，樓房上面是尖尖的屋頂。校園裡還有寬敞的運動場和大片的草坪。這一切都讓兄弟倆感到新奇和喜悅。當時在美國農村，上中學的孩子可謂鳳毛麟角。

「大比爾」到處兜售藥品，總是有些收入，所以兄弟倆才能進到這所最好的學校。洛克菲勒對這樣好的學習機會無比珍惜，儘管承擔著繁重的家務，但是他的學習卻一直很好。

「約翰！該睡覺了，明天還要早起下田呢。」母親不停地催促著。

「我的作業還沒完成，不能睡。」洛克菲勒一邊回答，一邊認真地做著數學題。他在數學上很有天賦，學習起來一點不感到吃力。

「妳怎麼動我的書？」桌子那邊，富蘭克林一邊吼著，一邊打了妹妹一巴掌，妹妹哭起來了。

威廉用小紙團瞄準富蘭克林的頭，一下子彈了過去。富蘭克林又拿起長格尺當作劍，對著威廉比比劃劃。兄妹圍著一張桌子打打鬧鬧，簡直像集市一樣。

只有洛克菲勒安靜地坐在一旁，認真地思考著題目，好像什麼都沒有聽到。

「約翰的自制力一向很強。」母親向鄰居們誇讚著。他是真的想學到一些東西，為了這個目標，他不怕吃苦。

洛克菲勒的家離學校大概有三公里的路程。每天，洛克菲勒早晨從菜地裡回來，才和威廉趕緊背起書包上學。天氣好的時候，兄弟倆經常赤著雙腳，走在塵土飛揚的大街上，一邊走一邊欣賞道路兩旁整齊的樓房。雖然學校裡大多數學生家庭生活很富裕，常常乘坐馬車去上學，但是洛克菲勒從不羨慕，總是興致勃勃地走著。

有一天，威廉突然拉住洛克菲勒的手說：「我今天好累，我們也坐馬車好不好？」

洛克菲勒用沉靜的目光打量著威廉，過了一會兒才說：「我們不能浪費這筆車費，你實在不想走，那就問問看有沒有同學可以一起坐吧。」

正在這時，一輛馬車擦身而過。車上一個穿著整潔的男孩喊著：「喂！約翰！上我的車吧！」

馬車停了下來，兄弟倆趕緊爬上去。坐在高高的車座上，看著路邊的景物飛快地閃過，真是別有一番風味啊！

兄弟倆剛到教室裡坐下，老師陪著一位帶著照相機的陌生人走進了教室，興奮地說：「孩子們，今天報社的攝影記者要

幫我們班拍幾張照片，登在報紙上宣傳我們學校，大家要坐好啊！」

老師開始授課。同學們都正襟危坐，瞪大了眼睛盯著黑板上的字，擺好了拍照的姿勢。洛克菲勒和威廉也神情莊重地期待著拍照。「咔！咔咔！」照相機不停地響著，記者從不同的角度拍了好幾張照片，然後對大家擺擺手，滿意地走出了教室。

過了幾天，照片洗出來了。全班同學每個人都買了一張，驚喜地在照片中尋找著自己。「快看啊！我在這兒呢，眼睛睜得太大了。」一個女孩興高采烈地說。

洛克菲勒發現，他們身邊的同學都出現在照片裡，唯獨沒有他們兄弟，每張照片都沒有。他心裡明白了：大家都穿著整齊，而他們兄弟的衣服太寒酸了，所以記者的鏡頭避開了他們，他的心裡不免有些難過。

「為什麼沒有我們？」威廉委屈地說，有些憤憤不平。

「這沒什麼。我們能在這裡學到很多東西，這才是最重要的。」洛克菲勒安慰著弟弟，又很高興地與同學一起觀看照片，並且也買了一張，寶貝地珍藏起來。

洛克菲勒從不因為自己的窮困而羞愧，有時受到欺侮也不耿耿於懷，總是不卑不亢，以平等的態度與城裡的孩子相處。他的眼睛盯著的，是明確可行的目標。

有一天，洛克菲勒和弟弟上山砍柴時，看見皮毛商人奧利

弗背著在附近村鎮收購來的皮毛，吃力地向他們走來。奧利弗把一捆皮毛摔在地上，氣喘吁吁地對洛克菲勒兄弟倆說道：「這鬼東西累死我了，今天收得太多了。你們在幹什麼？」

洛克菲勒說：「我們正準備砍柴呢！」

奧利弗嘆道：「我真羨慕你們的父親，他有你們這樣的幫手，可我卻沒有這個福分！」

「可你是商人啊，會發財的。」洛克菲勒帶著幾分羨慕地說。

奧利弗苦笑一下，說道：「鬼知道靠這點皮毛什麼時候才能發財！我這個年紀，已經有點走不動了。」

洛克菲勒看了看奧利弗汗漬斑斑的衣服，問道：「你還要走多長的路才能回到你的收購點呢？」

奧利弗說：「大概還有七公里。」

洛克菲勒說：「奧利弗先生，不然我來幫你吧！」

奧利弗看了看洛克菲勒健壯的身體說：「好啊！你幫我把皮毛送回去，我付給你一美元的酬金。」

「好的。」洛克菲勒高興地回答。

沒過兩個小時，洛克菲勒就拿著一美元回來了。洛克菲勒用這一美元買足了他們兄弟下學期的文具用品。

與伍定太太爭論

洛克菲勒的祖輩原先是法國人，後來他們移民到德國的萊茵河畔，在一七二三年又遷居到美國的紐澤西州。

一八三二年至一八三四年間，洛克菲勒的祖父帶著全家老小，與和許多拓荒者一起，趕著裝滿家當的大篷車來到紐約西部的一個荒僻之地——里奇福德。等到洛克菲勒出生時，那裡已初具小鎮規模了。

在洛克菲勒四歲的時候，他們全家搬遷到紐約西部的摩拉維亞鎮。他們在城北的鄉下蓋了一幢整潔的二層木板房。鄉下的環境非常優美，房後是高聳的松樹和鐵杉樹林，遠處是鬱鬱蔥蔥的山巒。奧瓦斯科湖面上閃現著波光，像是撒滿了燦爛的星星。洛克菲勒喜歡跟著父親到湖裡釣魚，更喜歡一個人到樹林裡嬉戲。

在洛克菲勒十四歲的時候，他們全家又搬遷到伊利湖畔的克里夫蘭，它是俄亥俄州的一座新發展起來的城市。

對於再次搬家，洛克菲勒顯然非常不高興，不解地問道：「爸爸，我捨不得奧韋戈中學。我們為什麼又要搬家呀？」

「大比爾」瞪了兒子一眼，充滿自信地回答道：「你懂什麼？我們到克里夫蘭是為了賺更多的錢！」

聽到「大比爾」的回答，洛克菲勒的弟弟威廉便好奇地問

道：「為什麼到克里夫蘭就能賺錢呢？」

「大比爾」用非常誇張的語氣說：「克里夫蘭可不是一般的地方啊！它除了鐵路，還有伊利湖、伊利運河和凱霍加河，簡直就像個湖濱的商港。中西部平原生產的糧食、高級火腿，密西西比出產的鐵礦石，賓夕法尼亞的煤炭，都在那裡運進運出。想發財的人都嚮往這裡啊！」

洛克菲勒逐漸興奮起來，說：「這麼說，我們是到一個好地方了。」於是對未來的嚮往淡化洛克菲勒對奧韋戈的留戀之情。

洛克菲勒全家在離克里夫蘭十公里的斯特朗思小鎮安頓下來，起初住在父親妹妹家裡，很快他們在鎮邊一個小農莊裡找到了住處。

一八五四年，十五歲的洛克菲勒進了鎮上的一所中學讀高中。學校裡規定：每個學生必須就四個題目寫出作文才能升級。因此洛克菲勒在這所學校接受了嚴格的作文訓練。

這所學校校長的思想十分開明，他以奉行自由化的教育思想而聞名。學校裡經常舉辦演講比賽，偶爾由校長出題，然後讓學生展開辯論，氣氛十分活躍，洛克菲勒也因此受到了民主主義的薰陶。他成年之後，沒有強烈的種族主義思想大概與這有很大關係。

有一次，學校出的辯論題目是《自由》。當時的美國南方還存在著奴隸制度。對於是不是應當廢除奴隸制，在新開發的地區

要不要實行奴隸制度，社會上都存在很大的分歧。

洛克菲勒作為一個堅定的廢奴主義者，一反平日的沉默寡言，站在講臺上，用準確的語言、清晰的條理，慷慨激昂地說：「人奴役人，既違反我國的法律，也違背上帝的意旨。」他甚至還預言：「如果奴隸制度不廢除，它將會毀滅我們的國家！」

接著洛克菲勒又用激烈的言辭譴責了僧侶和貴族：「他們千方百計地維護自己的特權，是阻礙社會和平民百姓發展的真正敵人！」

中間有幾個同學站在維護奴隸制立場上，起來反駁洛克菲勒，洛克菲勒唇槍舌劍，予以反擊。他把自己的觀點闡述得頭頭是道，又不乏幽默，不斷博得同學們熱烈的掌聲。

最後他又說道：「只有到了人民都受到教育，並且開始獨立思考的時候，世界才會進步。平民百姓人人都有發展自己的自由權利，這才是社會進步的標誌。」

由於洛克菲勒善於演講，他的「超群的辯論家」的大名很快在學校裡廣為流傳。又因他在演講時的第一句話總是：「本人既榮幸又遺憾。」於是，一個絕妙的綽號「既榮幸又遺憾先生」又落在他的頭上。他倒是很為這個綽號得意呢！

「大比爾」為了方便洛克菲勒兄弟上學，就讓洛克菲勒和威廉寄居在克里夫蘭城裡的伍定太太家裡。伍定太太家是個和諧的家庭，因為她的丈夫是個生意人，經常從外地帶回來許多新消

息。她還有一個女兒，是個性格開朗的女孩。

對於洛克菲勒來說，伍定太太家是個接受教育的好地方。每天晚餐過後，洛克菲勒兄弟和伍定太太一家人會一起圍坐在壁爐前，一邊喝著茶，一邊討論各種社會新聞。

伍定太太的女兒瑪薩不喜歡別人把她當作小女孩，她表達自己看法的願望總是很強烈。她經常參與一些話題的討論，而在討論中伍定太太的機智和敏捷也通常會使討論變得妙趣橫生。

有一天晚上，伍定先生忽然提出了一個問題，徵求大家的意見：「今天，一個朋友跟我借了一些錢，他說要給我利息，我沒表態。你們說我該不該要利息呢？」

「當然不該收！借錢給別人是幫助別人，怎麼能貪圖別人的好處呢？如果收了利息，從道德上是說不過去的。」伍定太太一邊縫著手裡的花邊，一邊堅決地對伍定先生說道。

「你說呢？」伍定太太接著徵詢洛克菲勒的意見。

洛克菲勒沒有太多的猶豫，表情嚴肅地回答道：「我認為應該收。我以為收利息是對自己付出的回報，合情合理，理所當然。」

「難道連朋友的情誼都不講了嗎？」聽到洛克菲勒的意見，伍定太太馬上進行了反駁。

當然洛克菲勒也絕不會讓步，繼續說道：「我以為這完全是

兩回事。友情歸友情，借貸歸借貸。」

　　伍定太太顯然無法接受這個「無情」的觀點。於是她與洛克菲勒爭論得面紅耳赤，直至伍定先生宣布「休戰」，他們才停了下來。

　　在這之後的一天，「大比爾」在出門前發現身上沒有現金，恰巧因為下雪的緣故，城裡的大多數銀行都要很晚才能開始營業，有的銀行乾脆就不營業了。

　　由於「大比爾」出門要坐車，還要買些東西，他急需現金，而洛克菲勒身上剛好有五十元。洛克菲勒提出借錢給「大比爾」，不過要收取一分利，也就是五美元的利息，而且期限是兩個星期以內必須歸還。

　　「大比爾」看著洛克菲勒，居然十分讚許地笑了，並且十分認真地跟洛克菲勒談起借錢的條件。「大比爾」不愧是個壓價能手，洛克菲勒最後不得不以四美元利息借給他五十美元，並以十五天之內還錢為條件和「大比爾」達成協議。最後「大比爾」樂呵呵地走了。

　　後來，洛克菲勒仔細地算了算，他在去年幫一個農場工作的時候，每天的工資是三十美分，做了兩個星期他們才付給他四美元，而今天這四美元不需要他付出一點點勞動。他突然意識到，用錢本身來賺錢要比出賣自己的勞動更容易，而且顯得更有智慧。

　　洛克菲勒因此覺得和伍定太太的爭論已經沒有必要繼續了，因為這件事使他認定最初的看法。他認為誰也不應該淪為金錢的奴隸，而應該讓金錢成為自己的奴隸，特別是對於他自己來說。

　　晚上「大比爾」回來的時候，洛克菲勒把這個看法告訴了他。「大比爾」十分驚訝，看洛克菲勒的神情好像不認識他似的。不過「大比爾」仍然十分興奮地誇獎了他，說今天借錢給他的行動非常有經營頭腦。

　　洛克菲勒心想：「沒錯，我的確可以靠自己的頭腦儘快地擺脫你的經濟控制了。」雖然這四美元只是個小小的數目，特別是對於他將來大的目標而言，但它的確是一個不錯的開始。

學習職場規則

> 當紅色薔薇含苞待放時，唯有剪除四周的枝葉，才能在日後一枝獨秀，綻放成豔麗的花朵。

——洛克菲勒

把握人生轉折點

一八五五年五月初，「大比爾」給洛克菲勒寫了封信，信中說他自己可能無力供洛克菲勒完成中學學業，希望洛克菲勒思考一下自己的下一步怎麼走。在信中，父親還暗示說，很多商人讀過商業培訓班後，就到小公司應徵去了。

父親的來信，對於洛克菲勒來說既是好消息又是壞消息。一直以來，家裡的支出確實靠父親給的錢。可是這些錢向來都不

穩定，時有時無，這讓洛克菲勒心中很不是滋味。

從記事起，除了偶爾與父親有過快樂時光外，父親給洛克菲勒的印象始終是不可靠的。現在，這個不牢靠的依靠明確告訴洛克菲勒必須自己養活自己，並且要養活弟弟妹妹。

「人生只有靠自己，做生意要趁早。人生只是錢！錢！錢！在美國尤其如此。」父親每次回來，總是不厭其煩地給洛克菲勒洗腦，向他灌輸金錢意識和商業意識。

「既然這樣，那好吧。」洛克菲勒一邊心中反覆念叨這句話，一邊也產生了一種釋然。當然，他還有個重要任務，那就是說服母親允許自己輟學。

過去，念大學是洛克菲勒的心願，也是母親的心願。這時，離中學畢業還有兩個半月，現在不想繼續唸書，總得有個有說服力的解釋才行。在向母親表達之前，洛克菲勒決定先求證一下，是不是經過商業培訓就可以去商業部門應徵。經過向幾個長輩請教，又走訪了幾家公司，他得到明確答覆：想在商業公司有所發展，就必須經過培訓或有這方面的天賦。而洛克菲勒恰恰富有經商的頭腦。

於是，洛克菲勒鼓足勇氣向母親攤牌：「我不上學了。」此前，他曾表示要讀大學。這是洛克菲勒平生第一次攤牌。

在日後漫長的商業生涯中，洛克菲勒最擅長的手段之一，就是攤牌。與競爭對手攤牌，與合作夥伴攤牌，應該攤牌的時

候，洛克菲勒從來沒有心軟猶豫。謀定而後堅決行動，這是成就大人物的關鍵品質，洛克菲勒在十六歲時就已經表露無遺。

只是，這是洛克菲勒最艱難的一次，因為攤牌對象是母親。母親很驚詫地看著洛克菲勒，母親明白，兒子已經打定主意不讀書了。

令洛克菲勒感到驚訝的是，母親只是猶豫了一下便答應了。「不過，我很想知道你的下一步打算。」

「我想去讀商業培訓，就是記帳的那種。」稍稍猶豫了一下，洛克菲勒還是加了一句，「對了，爸爸好像也是這個意思。」

「噢，是這樣啊。那要多長時間？ 培訓費是多少？」母親心裡嘀咕著。她太瞭解自己的這個兒子了。

「四十美元。」洛克菲勒回答道。

「錢從哪裡來，你想過嗎？ 家裡沒錢。」母親憂慮地問道。

「我想向爸爸借，我付給他利息。」洛克菲勒說。

母親點了點頭，說：「好吧，我沒意見了。等你什麼時候賺到錢，還可以繼續唸書。」

「不！ 我要賺錢，要保證弟弟妹妹能上學，要讓媽媽過上不缺錢的日子。」洛克菲勒激動地說道。

第二天一早，洛克菲勒給父親寫了封信，說明自己的決定，並在信中附上借款合約文書。一週後，爸爸寄來了四十美

元，另外寄來了貸款合約。

　　一八五五年五月二十六日，洛克菲勒正式向學校校長表示了輟學意願，離開了學校。校長和老師無一例外地用異樣的眼光看著這個平素沉默寡言的孩子：七月十六日就畢業了，這孩子哪根筋出了問題，一定要在五月底就離開學校？

　　當然，校長和老師都沒有過於勉強，讀書畢竟還不是當時社會的主流。雖然洛克菲勒讀書很認真，但不是學習特別優秀的那種學生，沒有哪一科是班上數一數二的，所以沒有值得惋惜或勸他繼續學習的特別理由。況且，洛克菲勒也不是討人喜歡的學生，他的舉止言談簡直就是個成人，班上同學不太願意理他。

　　多年以後，當洛克菲勒已經是美國數一數二的商業大亨，也是克里夫蘭最著名的人物的時候，老師們對他的回憶基本上都是模糊的。

　　偶爾有人記得，也只是說：「噢，好像是有個不肯要畢業證的學生。」可是，沒人記得那個學生叫洛克菲勒。

　　輟學的第二天，洛克菲勒揣著從父親那裡借來的四十美元，興沖沖地來到福爾索姆商學院報名，進行三個月的培訓。受訓課程主要有複式簿記、清晰書寫、外匯業務和商業法等。

　　洛克菲勒要嘛是課程排得滿，要嘛是迫切渴望工作，或者兩個原因都有，他一點也沒感到任何不適應。三個月後，他順利地拿到了結業證書。

　　這次培訓並沒有讓洛克菲勒有什麼特別改變，畢竟培訓的只是些實用課程而已，唯一值得一提的，就是認識了大自己十歲的英國人莫里斯 · 克拉克。

　　那個時候，克拉克已經工作多年，洛克菲勒從他身上瞭解了不少打工經驗，而洛克菲勒的冷靜判斷，顯然也給克拉克留下了印象。兩年以後，洛克菲勒與克拉克合夥開了公司。

　　洛克菲勒的人生，因為這次商業培訓而徹底改變。洛克菲勒家族，因為這次培訓而有了萌芽。美國的現代商業，也因為這次培訓而有了雛形。當然，充滿罪惡與血淚的石油大競爭，也因為這次培訓而孕育了種子。

艱辛的求職之路

　　商業培訓結束後，洛克菲勒帶著初生牛犢的勇氣踏上了求職路。因為沒有有權勢的親戚提攜，他只能靠自己。他找來一本全城的工商業名錄，尋找著知名度高的公司和大企業的名字。

　　「媽媽，明早六點請務必叫醒我。」儘管洛克菲勒相信自己會準時起床，但為了以防萬一，他還是在睡前央求母親叫醒自己，以免影響第一天的求職工作。

　　「好的，兒子！」母親爽快地答應了。

　　第二天一大早，還沒等母親叫，洛克菲勒就已經起床了。襯衣、領帶、褲子、背包，每樣都檢查了一遍。確保每一樣都乾

淨後，洛克菲勒又擦了一下鞋子。

求職第一天，洛克菲勒決意要保持乾淨、整潔，儘管他一向是這樣的，但還是不敢掉以輕心，唯恐細節上出紕漏。六點三十分，在母親的祝福聲中，洛克菲勒走出家門，開始了求職的第一天生活。

洛克菲勒先來到崔西亞公司。

這家公司是洛克菲勒在當地商業名冊上找到的眾多公司的第一家，當地報紙對這家公司有很好的評價，一些長輩也鼓勵洛克菲勒到這家公司求職。

「我想見貴公司的經理先生，我是來求職的。」洛克菲勒按照背誦多次的求職開場白，開始了第一次求職。

「很遺憾，經理先生出去了。」接待的人攤開兩手，聳聳雙肩回答說。聽到這句客氣的話，洛克菲勒不得不選擇離開。

於是洛克菲勒到了第二家公司求職。

「我想見貴公司的經理先生，我是來求職的。」與第一次一樣，洛克菲勒又一次被客氣地請走了。

接下來，第三家、第四家、第五家，整個上午的五家公司，都拒絕了這個年輕的求職者洛克菲勒。

八月的克里夫蘭，驕陽似火，酷暑難當。這位執著的少年在發燙的路面上來回奔波，走得雙腳痠痛，揮汗如雨。每次，他

都帶著希望出發，又帶著失望歸來。他不斷地總結著教訓，調整著自己的策略，第二天，又帶著堅毅的神情去敲另一家公司的大門。

洛克菲勒從第十一天求職起便改變了求職用語：「你好，我是來求職的，我會記帳。」措詞變了，語氣卻沒變。除了有幾家公司態度稍微熱情外，沒有任何跡象顯示有公司對他感興趣。

日復一日，一週過去了，一個月過去了，洛克菲勒表現出令人無法相信的毅力與耐力。很多公司，洛克菲勒甚至去過三四次。

一天，他在一份晚報上看到了出售《發財祕訣》的巨幅廣告，連夜趕到書店去購買這本求之不得的書，翻閱後才知道書內空無他物，僅印有「勤儉」兩個大字。

洛克菲勒大失所望地把書扔到地上，氣想去書店找老闆算帳，控告他及作者騙人。

但當時時間已很晚，他估計書店關門了，所以準備第二天再去。那天晚上，洛克菲勒一夜輾轉不能入睡，起初是對書的作者和書店生氣，怒斥他們為什麼要以如此簡單的兩字印書騙人，使他辛苦得來的五美元血汗錢浪費在這「騙術」上！後來，隨著夜漸深，他的火氣也慢慢降下。

洛克菲勒想，為什麼作者僅用兩個字出版一本書呢？為什麼又選用「勤儉」這兩個字呢？ 想呀想，他漸漸明白，勤儉是

人生立世和致富的根本，或許就是作者想表明的涵義。

想到這裡，他趕緊把書本從地上撿起來，深深地吻了它一下，然後端正地擺在他臥室的書桌上，作為他的奮鬥創業座右銘。從此，他決心只要能找到一份工作，就努力工作，埋頭苦幹，把每天賺來的錢，除了部分交給家裡外，其餘一分也不亂花，全部累積起來，準備用作以後創業之用。

一八五五年九月二十六日，幸運之神終於對洛克菲勒露出笑臉，他迎來了求職生涯的一次轉變。

九點三十分，洛克菲勒按計劃走進上午求職的第二家公司，休伊特—塔特爾公司。接待洛克菲勒的是公司的合夥人之一塔特爾。

塔特爾一見洛克菲勒，便開門見山地問：「年輕人，你會做什麼？」

洛克菲勒感到了一絲欣慰。因為這兩個月以來，終於有一家公司的老闆級人物，肯向自己這樣的求職者詢問了。

「先生，我會記帳。我剛剛從弗爾薩姆學校完成商業培訓。」

「那你都學習了哪些課程？」

「複式簿記、清晰書寫，還有銀行、外匯業務的商法等課程。主要培訓內容是記帳。」

「我這裡倒是需要個記帳的。不過，我有急事馬上要外出，你下午再過來試試吧！」

洛克菲勒掩飾著內心的激動，彬彬有禮地一邊鞠躬，一邊說：「好的，塔特爾先生，我下午一定按時來見您。」

走出休伊特—塔特爾公司的時候，洛克菲勒因為過於興奮，差點在門口台階上摔倒。他再也控制不住狂喜的心情了：我將要成為這個知名公司的一員了，這是真的嗎？不是做夢吧？他一步一跳地蹦下了樓梯，向著大街衝去。

洛克菲勒隨便吃了點東西，然後就一直在可以看見休伊特—塔特爾公司的地方走來走去。一個多小時的午休時間對此時的洛克菲勒來說，真像過了一個世紀。

午後上班時間一到，洛克菲勒就迫不及待地走進休伊特—塔特爾公司。

「我找塔特爾先生，與他約好了見面的。」

塔特爾外出未歸，接待洛克菲勒的不是塔特爾，而是另一位合夥人休伊特。

「噢，塔特爾先生跟我說過有個人下午要來。你來得真早。」休伊特說，「聽說你會記帳？」

「是的，先生。為了工作，今年五月至七月，我在弗爾薩姆學校接受了三個月的記帳培訓。」

「那麼，塔特爾先生有沒有跟你說，我們公司做的業務很雜，有糧食、礦石生意、電報和鐵路生意？」休伊特看著洛克菲勒。

「塔特爾先生作過介紹。」

「那他有沒有跟你說過，這個職位除了記帳以外，可能還要承擔其他工作，比如收帳？」

洛克菲勒馬上說道：「這個塔特爾先生倒是沒有說過。不過，我很願意分擔更多的工作。請您相信，我不怕壓力，肯吃苦。」

「好，你明天早上八點就可以過來上班。三個月的試用期，其間沒有薪水。你能接受嗎？」

「我接受。」休伊特可能不知道，在說出「我接受」三個字時，一股暖流正在洛克菲勒胸中流淌著，當然，洛克菲勒極力控制住了自己的激動情緒。

那天夜裡，洛克菲勒激動得失眠了。後來，洛克菲勒將九月二十六日命名為自己的「重生日」，其意義甚至超過了生日。

一九三一年，這件事情已經過去了整整七十六年，洛克菲勒說道：

這一天似乎決定我未來的一切。直至今天，每當我問起自己，如果沒有得到那份工作會怎麼樣時，我常常會渾身顫抖不

停。

因為我知道那份工作給我帶來了什麼，失去它又將如何。所以，我一生都將九月二十六日當作「重生日」來慶祝，對這一天抱有的情感超過我的生日。

很認真的簿記員

洛克菲勒十分珍惜這個來之不易的機會，總是一大早就來公司上班。

本來帳本和數字是枯燥乏味的東西，可是在洛克菲勒眼裡很親切，彷彿遇到了久違的親人一般，他甚至可以整個上午一動不動地看著幾本帳本上的數字。

「塔特爾先生，我具體做什麼？」第一天進入辦公室後，洛克菲勒主動地向塔特爾詢問。

「你先熟悉公司帳簿，同時記帳。對了，自己找張沒人的桌子坐。」

「好的。」洛克菲勒選的是一張滿是灰塵的空桌子，然後將桌子擦得一塵不染，順帶著打掃了整個房間。從那一刻開始，洛克菲勒一直堅持打掃房間，直至離開休伊特公司。

打掃完房間後，洛克菲勒從塔特爾那裡接過一摞舊帳本和幾本新帳本。塔特爾帶著不易覺察的微笑，將帳本交給了洛克菲

勒。

洛克菲勒非常仔細地、一頁頁地查看著公司的舊帳本，同時記下公司的收入、支出。這是洛克菲勒上班的第一天，也是他漫長的商業生涯的第一天。從這一天起，直至離開休伊特公司，洛克菲勒始終是第一個上班、最後一個下班的員工。

已到中年的塔特爾有點眼花，一看數字眼睛就有腫脹感，洛克菲勒的到來幾乎可說是他的解脫。發現洛克菲勒看了半個月帳後就核對出十多美元的誤差，塔特爾更是高興，也因此對洛克菲勒特別信任和倚重。

如果是別人負責支付帳單，那他只要把帳單拿來並付款就算結束，可在洛克菲勒這裡，他不僅要把每一個項目都仔細核對清楚才付款，還給自己授權，確定帳單上的每筆費用是不是合理。

有一天，老闆走進他的辦公室，把一份帳單甩給他說：「請把這份帳單的款項付清。」

洛克菲勒接過帳單仔細查看，啊！原來是一筆管道鋪設費。他拿出底帳認真核對，嚴肅地說：「經理先生，這份帳單有失誤。」

「啊？差多少？」老闆有些吃驚地問。

「多算了七分錢。」於是他按照實際情況付了款。老闆拍了一下他的肩膀，目光中流露出滿意和欣賞。

　　不過，因為五美分，洛克菲勒還是令塔特爾不悅了一次。

　　有一次，洛克菲勒告訴塔特爾：「塔特爾先生，您看，毛斯公司欠我們五美分，按照合約應該在月底前收回。」

　　「很好。不過為五美分專門去收一次，既不划算，也容易傷感情，而且他是老客戶，不能太計較。」塔特爾漫不經心地回答洛克菲勒。

　　聽到塔特爾的回答，洛克菲勒很平靜地說：「塔特爾先生，不能超過這個月，拖到下個月我們的帳目就混亂了。再說，生意歸生意，交情歸交情，不會傷感情的。」

　　「年輕人，你是在教訓我嗎？」塔特爾帶著不悅的語氣說道。

　　洛克菲勒清晰而冷靜地解釋了自己的看法：「不！塔特爾先生，您千萬不要誤會我的意思。我只是覺得，向您匯報其他公司的欠款是我的責任。再說，五美分是一美元一年的利息呢！」

　　他的語氣既不像是為自己爭辯，也無意傷害對方，只是為了說清楚道理和自己的看法。這樣的表達方式，貫穿了洛克菲勒的一生。

　　很多最初對洛克菲勒抱有敵意甚至懷恨在心的人，真正與洛克菲勒接觸後，往往都驚訝洛克菲勒的平和態度。比如，有些接觸過洛克菲勒的記者，做報導時都去除了曾經的有色眼鏡，洛克菲勒表現出來的真誠與平和，很難讓人將他與一個惡魔聯繫起

來。

「那好吧，我接受你的建議。」塔特爾結束了談話，他的不快也馬上消失了。

巧得是，洛克菲勒對塔特爾說的最後一句話，讓剛剛從外面趕回公司的休伊特聽到了。休伊特看了這個新員工一眼，沒作任何表示，直接走進了自己的辦公室。「一美元的年利息等於五美分。」休伊特隨手在桌曆上記下了這句話。

受到老闆刮目相看

戴利 · 戴維森是休伊特—塔特爾公司的客戶，也是休伊特的老朋友，主要負責公司貨物的河運與湖運。他長得人高馬大，長期在船上作業讓他的皮膚黑中透紅，顯得威風凜凜。

每次戴利來到公司，都抱怨說運輸的各種雜費在漲價，並要挾塔特爾說如果再不提價，他就不再為休伊特—塔特爾公司運輸貨物。儘管公司員工對戴利沒有好感，但是由於戴利社會閱歷很廣，加上他是休伊特的朋友，而且大家在業務上也想不出讓他閉嘴的方法，所有人不得不遷就他——除了洛克菲勒。

為了解決這個問題，洛克菲勒特別查了過去兩年戴利為休伊特—塔特爾公司服務的運輸單據，並調查近兩年來河路運輸的收費價格。他發現，戴利兩年都欠公司的錢。

於是，當戴利再次向塔特爾發威要挾時，洛克菲勒接過了

話：「戴利先生，在過去的兩年裡，我們公司待您已經很好了。您不應該向塔特爾先生提出這些不合理的要求了。」

戴利一聽有點惱怒了，這是他第一次在休伊特—塔特爾公司受到挑戰：「你是誰？敢跟我這樣說話？」

「我是約翰·洛克菲勒，是記帳的。如果您不介意，我想跟您算一下過去您跟我們公司業務上的數字。」洛克菲勒不慌不忙地說道。

「數字？數字有什麼好算的，你們公司一直欠我的錢，這是禿頭上的虱子，明擺著的。」戴利一臉的不屑。

洛克菲勒將過去兩年來戴利與休伊特—塔特爾公司的往來帳目，一本本攤在戴利眼前：「您看，戴利先生，這是您與我們公司過去兩年的往來帳目。我反覆算過，您在近兩年中欠我們公司十九點八五美元，這還不算利息。我諮詢了其他公司，這兩年河船運價是漲了一些，但攤到我們公司，大概是九美元，就算是九點八五美元吧！兩項抵扣，您應該欠我們公司十美元。」

「這怎麼可能呢？你欺負我這個老頭子不懂帳啊！」戴利咆哮起來。因為他在休伊特—塔特爾公司從來沒有栽倒過，現在居然被個毛孩子反將一軍，他心裡實在不服。

「這樣吧，戴利先生，我這裡有一份手抄的清單，您拿回去讓您的帳簿員核算一下。如果是我算錯了，我們公司賠給您，我向您道歉。如果是您那裡漏算了，希望您也及時補上。」

「好，我拿回去算算，到時回頭再收拾你這個毛孩子。」戴利船長拿著洛克菲勒的清單，惱怒地離開了。

從那以後，戴利來休伊特—塔特爾公司結帳時，再也不像以往那樣張揚跋扈了。他每次看見洛克菲勒，居然還會壓了壓帽子，招呼一聲「洛克菲勒先生」。即使是對休伊特，戴利也從來沒有這樣禮貌過。

可能是礙於老闆的面子，洛克菲勒沒有跟戴利追討九美元的事情，不過，戴利對休伊特公司的貨物運輸確實也比以前盡職多了。

另一位船長送來一份報告，報告中說，他的貨物因為暴風雨而受損，不能如數交給托售人了。過了些日子，老闆連續收到三次船長送來的同樣報告，還是貨物受損，只是理由有所變化。老闆神情沮喪地對洛克菲勒說：「你算一下損失多少，只好由我們賠貨了。」

洛克菲勒雖然心裡充滿了疑惑，但是並沒有出聲。他決定親自到現場查個水落石出。於是他登上了貨船，對該船長說：「船長先生，麻煩你打開貨倉，我要清點一下貨物。」

船長先是吃了一驚，因為從來都沒有出現這種事，而且站在自己眼前的還是一個小毛孩。接著他聳聳雙肩，攤開兩手，漫不經心地說：「你自己去點吧！那麼多貨物，我可沒空陪你。」

洛克菲勒沒有計較，獨自走進船艙，開始有條不紊地一件

件與帳單核對著那些堆成小山似的貨物。他從早晨一直查至中午，還從底艙的角落裡找到隱藏的貨物，最後查明了真相：貨物與貨單上的記載完全相符，並沒有任何貨物受損。

當他把這個真相告訴船長時，船長頓時驚呆了，他從沒遇到過如此精細的對手，而且還是一個小毛孩。從此，這位理屈詞窮的船長再也不敢說有貨物受損了。

洛克菲勒因此為公司減少了一大筆索賠損失，也讓公司老闆開始對他刮目相看。

有一天，公司裡的人正在檢查從佛蒙特州用高價購進的一批大理石，突然發現有一包大理石全部都出現了裂紋，而且有幾塊大理石還缺了一個角。

老闆在查看了情況後一籌莫展，只能唉聲嘆氣地說：「這些損壞的大理石只好由我們公司來賠償客戶了。」

但是洛克菲勒卻顯得相當冷靜，他向老闆建議說：「其實這些損壞的大理石是裝卸不慎造成的，我們應該向各個運輸部門索賠。從佛蒙特到安大略湖的鐵路公司，布法羅到伊利湖的河運公司，五大湖的汽船運輸公司都應該承擔責任。」

「那好吧！你跟我一起去找這些運輸公司的負責人。」老闆思索了一下，接受了洛克菲勒的建議。他們向三家運輸公司據理力爭，最後得到了合理的賠償。

年輕的洛克菲勒又因此立了一功，再次為公司減少了一筆

可觀的損失。於是公司的老闆越來越倚重他了。

洛克菲勒屢次立功，讓休伊特發現了洛克菲勒身上的特殊潛質，他決定讓洛克菲勒替自己去收房租。

原來休伊特特別愛買房子，然後出租。開始只有一兩戶、三五戶的時候，他可以自己或者委託人去收房租，但買了幾十套房子後，休伊特發現自己或者公司員工去收房租都忙不過來，久而久之便出現了拖欠與逃租現象，休伊特為此很頭疼。

既然老闆下了命令，洛克菲勒當然得執行了。於是，洛克菲勒一早到公司整理完帳目之後，休伊特的馬車就帶著他出去收房租。

他首先理順了關係，然後與每個租戶簽訂合約，並嚴格約定租金交付時間。由於當時克里夫蘭人口流動性很大，他在合約中加了一條：「只有當年按時交房租的租戶，才能獲得第二年續租的優惠權。」增加這一條款之後，租戶可以得到實惠，以此改善房東與租戶間的契約關係。

因為公司業務很忙，不可能花太多時間去收房租，洛克菲勒便修改了收款流程，保證每個月最多花兩天時間收完租金。在洛克菲勒「新政」下，大部分租戶都按時交租，只有幾家租戶還經常延遲交房租。

洛克菲勒的忍耐力是驚人的，他的不屈不撓讓任何人都無計可施：去一次不行，就多去幾次。即便對方用各種理由拒絕

見他，洛克菲勒也會坐在門口等，有時還會抓住路人詢問說：
「請問您知道這個租戶嗎？ 他租了我老闆的房子，卻一直沒付租
金。」

　　看到這種情況，那些租戶都擔心自己的名聲被搞臭，於是
都陸續把拖欠的房租交給洛克菲勒。

　　休伊特對洛克菲勒更加刮目相看了。他感到很困惑，這個
有點沉默寡言的男孩子，是如何戰勝年紀大過他好多的老江湖的
呢？ 塔特爾倒是沒多想，他只知道，洛克菲勒來了之後，自己
確實輕鬆多了。

走向創業之路

> 沒有一桿完成的高爾夫比賽，你需要一桿一
> 桿地打下去，你每打出一桿的目的，就是離球洞
> 越近越好，直至把球打進。
>
> ——洛克菲勒

自籌資金創業

一八五五年的聖誕節，老闆休伊特把洛克菲勒叫到自己的辦公室。

休伊特面帶微笑，平和地對洛克菲勒說：「約翰，我與塔特爾先生商量過了，決定結束你的實習期，並付給你實習期薪水。看，這是給你的二十五美元。」休伊特把錢遞給洛克菲勒，接著

說道：「另外，我們很高興接納你為公司的正式員工，你的週薪是五美元。」

他把錢接在手裡，感到它的份量好重！這二十五美元是洛克菲勒生平第一次領到的薪水，也是他十六年來賺到的最大一筆錢。它既是他自己的勞動所得，又是老闆對他的工作認可。

「謝謝休伊特先生，我一定不會讓你失望的！」洛克菲勒克制住了自己的情緒，也控制著眼淚。而每週五美元，意味著他可以不再依靠父親養活全家。

「上帝，謝謝你賜給我機會，讓我透過努力，養活我的家人。」洛克菲勒突然覺得，自己是個強大的男人了。

終於苦盡甘來了，他高興得不知所措，甚至連後來自己是怎樣走回辦公室的都忘記了，只覺得透進窗內的陽光特別明亮溫暖。

從此，洛克菲勒已經能夠自食其力，不用再依靠父親了。他用一半的薪水就能付清伍定太太家的食宿費和洗衣費，剩下的錢則交給母親家用。他的生活一直很簡樸，從不買時髦的衣服。

第二年老闆又給洛克菲勒加薪，他的年薪增加至五百美元，於是他開始有一些儲蓄了。

洛克菲勒在公司的地位也在不斷提高。後來塔特爾退休了，休伊特少了一個夥伴，於是更加器重洛克菲勒。洛克菲勒除了會計工作，還兼任鐵路公司和船運公司的外交工作，他是休伊

特不可多得的好幫手。

由於洛克菲勒的出色表現，他在休伊特心中的份量也越來越重。到了第三年，他顯然已成為休伊特的左膀右臂，開始獨立做許多業務，而且每次都完成得很出色。

有一天吃過晚餐後，洛克菲勒在讀報紙時發現一條爆炸性消息：「英國不久將要發生饑荒。」於是，他的大腦中閃過一個大膽的計劃：何不趁此機會多買些糧食和食品，到時候再賣出去，一定能賺大錢！他越想越興奮，以致有些揚揚自得了。

第二天他來到公司，恰巧休伊特到外地去了，要一個月後才能回來。機不可失，時間已經容不得他多想了，於是他自作主張，決定購進一批麵粉、玉米和高級火腿，還有食鹽。他心想：到時賺了錢，老闆在驚喜之餘就不怪罪我自作主張了。

一個月後，休伊特從外地歸來，他看到公司裡到處都堆積著糧食和食品，不僅大吃一驚，忙問洛克菲勒：「這是怎麼一回事？」

於是洛克菲勒把自己的計劃和盤托出：「經理，根據新聞報導，英國即將發生饑荒，現在趁機把貨運到紐約再出口，一定可以賺大錢。另外，我還訂購了八十桶高級火腿腸呢！」

洛克菲勒原以為休伊特會誇獎他，意外的是，休伊特聽後反而非常惱火，大聲地指責他：「這麼大的事為什麼不跟我商量？你怎麼能自作主張？我們公司是靠代理和貨運賺錢，絕不能做

投機生意！」

對於老闆的指責，年輕的洛克菲勒依然很平靜，他用自信的語氣再一次解釋自己的計劃：「這是一筆肯定賺錢的生意，我們為什麼不做？我以為這是對公司有利的事，您會同意，所以沒等您回來就動手做了。」

休伊特沒有再作聲，回到自己的辦公室。其實他心裡是很清楚的：洛克菲勒的話有一定道理。他相信這個精明的年輕人的判斷。

不久，英國果然發生了嚴重的饑荒。公司便把囤積的糧食和食品透過俄亥俄河、密西西比河，出口到英國，因此賺了一筆非常豐厚的利潤。

雖然休伊特心裡特別的高興，但是他畢竟反對過，所以為了維護老闆的尊嚴，他在洛克菲勒面前仍然板著面孔，沒有說一句讚賞的話。

外界人士卻在討論著這個年輕的簿記員：「休伊特公司裡那個乳臭未乾的年輕人真不簡單！」「他真是個天才商人。」

十九歲的洛克菲勒已經具備了良好的商人素質：他敢於冒險，還像機敏的獵犬似的善於捕捉商機。他對自己有足夠的自信，認為五百美元的年薪沒有表現出他的價值。

有一天，洛克菲勒突然向老闆提出了請求：「我要求把我的年薪增加至八百美元。」

休伊特感到有些意外，用商量的口吻說：「給我幾天考慮的時間吧，過幾天我會把決定告訴你。」

幾天之後，休伊特把他召進了辦公室。「約翰，最近公司裡的資金比較緊張，我看就給你提至七百美元吧！你要是做得好，以後還會再加薪。」

「我不能同意您的說法。塔特爾的年收入是兩萬美元。就算我年輕，加入公司時間短，但我所做的工作，難道不是塔特爾的雙倍嗎？承擔這麼重的工作，難道我的年收入還不能達到他的一半嗎？」洛克菲勒固執地說，眼睛盯著老闆。

休伊特感到理虧，只好回答：「約翰，你說得也有道理，但我確實不能付你八百美元的年薪。」

一八五八年四月一日，洛克菲勒義無反顧地向休伊特遞交了辭職信，離開了休伊特公司。

克拉克，曾經與洛克菲勒在福爾索姆商學院會計班一起接受培訓，後來又在同一條街上的奧蒂斯‧布勞內爾農產品銷售公司工作。他們很自然地成了朋友，常在一起散步聊天。

洛克菲勒辭職後，克拉克說出了自己的計劃：「我們為什麼不能自己創業？我想我們應該試一試，說不定能成功！」

原來克拉克效力的那家公司業務很好，但因為自己不是公司合夥人，克拉克無法分享公司的利潤。

接著克拉克又煽動地說：「約翰，以我的專業判斷，加上你的財務管理，如果我們兩人合夥創業，肯定能在克里夫蘭農產品貿易上出人頭地的。」

「克拉克，請再給我一週時間，我需要與家人商量一下。」洛克菲勒這樣回答並不是敷衍克拉克，他確實需要考慮一下。他發現之前公司最好的一塊業務，就是農產品貿易。因此，克拉克所說的主意，對洛克菲勒有非常強的誘惑。

在休伊特─塔特爾公司工作了兩年多，洛克菲勒的儲蓄就已經有八百美元。對於一個身無分文的窮孩子來說，這筆錢算得上是天文數字，但若要自己創業，這顯然遠遠不構。

洛克菲勒和克拉克商定的創業資本共需要四千美元，也就是每人必須承擔兩千美元，可是現在洛克菲勒的儲蓄只有八百美元，剩下的一千兩百美元如何才能湊齊呢？他忽然突然想起父親「大比爾」之前對他的承諾。

洛克菲勒迫不及待地對父親說：「爸爸，你不是答應過我，說等我二十一歲時就分給我一千元遺產嗎？現在就給我，好嗎？我正需要它呢！」

父親卻不以為然地回答道：「可是，你離二十一歲還差十六個月呢！」

「那還不是一樣，遲早還是我的嘛！」洛克菲勒固執地請求著。

　　精打細算的父親沉默了一下，回答道：「這樣吧，如果你一定現在要提取也可以，但是必須扣除十六個月的貸款利息，年息算百分之十好了。」要知道，當時的銀行利息是百分之六點多。

　　由於洛克菲勒急於用錢，並沒有介意父親提出的條件，很爽快地答應了：「好吧，我同意您的條件。謝謝爸爸！」接著他又將自己的創業計劃告訴了父親。

　　父親聽後便用內行的語氣說：「不，道謝尚早，等你賺了錢再謝我。穀物、糧草、肉品的經紀商是一定很有前途的。要知道，東部的食品需求只會增加不會減少。」

　　「是要賣給歐洲的！」洛克菲勒趕緊糾正父親的話。

　　「歐洲？」父親感到特別的驚訝和困惑。

　　「是的，爸爸。」洛克菲勒很平靜地回答了父親。「大比爾」驚呆了，他沒想到十九歲的兒子竟有這麼大的氣魄和自信心。

　　今後的路就要自己走了，洛克菲勒相信自己能夠開創屬於自己的一片新天地，他兒時的夢想就不會太遙遠了。

創業初的失誤

　　一八五九年三月十八日，克拉克—洛克菲勒公司在克里夫蘭臨河大街三十二號的一幢樓房裡正式掛牌營業。洛克菲勒成了一家有四千美元資本公司的合夥人，他的心裡高興極了，並且清

楚地知道，這將是他的人生路上一個新的起點，也是實現理想的第一步。

洛克菲勒和克拉克努力地經營著公司：克拉克負責聯繫客戶，洛克菲勒主管財務和管理，他的精細和一絲不苟都得到充分的發揮。

克拉克對於洛克菲勒的過於認真感到無可奈何。「他有條不紊到了極點，細心而且認真到分毫不差。如果客戶欠一分錢，他要取來；如果他欠客戶一分錢，他也要還回去。」

克拉克因為是英國人，在洛克菲勒面前總是擺出國際人士的樣子，張口就說：「沒事的，英國和歐洲情況我很瞭解，不懂世故的你跟著我就行了。」洛克菲勒為了事業，還是忍下來了。

由於運輸量不斷增加，他們買進和賣出的貨物也越來越多，公司很快就贏得了交貨準時的信譽。為了招攬更多的生意，公司僱用了一位管帳人，以便讓洛克菲勒有足夠的時間聯繫客戶。

有一次，洛克菲勒將名片遞給一家公司的負責人後，誠懇地說：「很抱歉打擾您了，我只是想提一個自己認為不錯，而且相信對您有利的建議。您不必馬上決定，請認真考慮再回覆我。」

洛克菲勒彬彬有禮的態度和有說服力的言詞得到客戶的肯定，但隨著訂單源源不斷地湧來，運輸車廂顯得供不應求。精明

的洛克菲勒想出了一個辦法：他經常對一位鐵路官員死纏爛打，用極誠懇的態度述說自己公司貨物及時運輸的重要性，讓那位官員給足了他需要的車廂。

但是不久後，洛克菲勒就領教了他的第一次創業失誤。一八五八年夏天發生了乾旱，農產品價格一步步上揚，克拉克與約翰商量後，訂了一船黃豆。

一大早，洛克菲勒急急忙忙地對克拉克喊了起來。這是克拉克認識洛克菲勒三年多來第一次見他失態。看到洛克菲勒急得要命的樣子，克拉克忍不住笑了起來。

「你到外面貨船上去看看，保證你再也笑不出來了。」洛克菲勒大聲對克拉克說。

「貨船？貨船怎麼了？」克拉克走向貨船，想看個究竟。

走進貨船，克拉克再也笑不出來了，而是大聲問道：「約翰，我們不是訂的黃豆嗎？怎麼全是石頭和垃圾啊！」

饒是對此諸多不滿，克拉克和洛克菲勒還是只能皺著眉頭從垃圾堆中撿黃豆，整整忙了一天，讓準備在農產品貿易中大賺一筆的年輕人一下子失去很多熱情。

洛克菲勒經過一個晚上的反覆計算，這筆生意，公司賠了兩百美元。為了繼續做生意，至少還要籌措四百美元。克拉克對此並沒有異議，說：「那好吧，約翰，我們各自補足兩百美元，一週後交到公司。」

洛克菲勒不得不硬著頭皮向父親借錢，父親很爽快地答應了：「不過，和上次一樣，加上利息百分之十。另外，我可能隨時要取回本金，你要有心理準備。」

「好的，爸爸，您在一個月後隨時可以取走本金。」

借到錢後，洛克菲勒陷入了沉思。到底是什麼環節出了毛病？

原來洛克菲勒當時正忙於鎮上浸禮教會的籌資問題，對訂貨方的資質沒有進行調查，在急切中下了訂單。結果，匆忙中下的訂單，換來了半艘船的垃圾和石頭。

這個事件，讓洛克菲勒對合夥人克拉克的細緻管理能力的不足有了深刻認識，也對自己投身宗教事務的時間管理進行了深刻的反省。

合夥人的衝突

真是「一波未平，一波又起」，一個意想不到的危機接踵而至。中西部遭受嚴重的霜凍，穀物幾乎顆粒無收。農民們要求用第二年的收成作抵押，由經紀商預付定金。許多經紀商因為無力支付定金，公司紛紛倒閉。

危機發生後，克拉克手足無措，只是不停地抱怨：「我們只有四千美元的資本，拿什麼去付農民的定金？」

洛克菲勒對此卻胸有成竹:「我想只能向銀行貸款了,這樣做也許能幫助公司渡過難關。」

克拉克卻帶著譏諷說:「貸款?你是在講神話吧? 誰會貸款給我們,我們用什麼作擔保?」

洛克菲勒沒有做聲。他整理了一下自己的西裝,走出了辦公室,來到某銀行總裁漢迪的辦公室,他們是浸禮教會的教友,經常在教堂裡見面。洛克菲勒一見漢迪,便直截了當地說:「總裁先生,我想向你借兩千美元。」

漢迪和平常一樣,態度和藹地回答道:「如果您有抵押品的話,我將會考慮您的貸款要求。」

洛克菲勒依然鎮定自若地說:「很抱歉,我沒有抵押品,但是本人可以擔保。中西部的農業遭災了,我貸款是為了給農民預付定金,幫助他們渡過難關。當然,我的公司也能避免倒閉。」

洛克菲勒把公司的帳本遞給漢迪說:「請總裁先生過目,它會幫助您瞭解我的公司的經營情況和信譽。」

漢迪拿起帳簿認真地翻看著,上面記載著準時付給客戶貨物的每一筆帳,條理非常清晰。

漢迪在心裡思索著:「這個年輕人做事很可靠,該值得信任。而且他在浸禮教會裡的表現也證明了他的人品。」他終於同意了:「好吧,那就破例貸給您兩千美元,現在只好拿倉庫收條作為抵押了。」

　　漢迪用慈祥的雙眼盯著年輕的洛克菲勒說：「現在也只有貸款才能拯救那些可憐的農民了。」然後又忽然嚴厲地發出了警告：「但是你一定要遵守我們的條件──不准用錢做投機買賣。」

　　洛克菲勒誠懇地答應道：「非常感謝總裁先生的鼎力相助。請放心，我一定會遵守您提出的條件，不會辜負您的信任。」

　　當洛克菲勒把兩千美元錢放在克拉克面前，聲明是銀行的貸款時，克拉克用驚異的目光望著這位小老弟，竟然說不出一句話。他們就這樣渡過了難關。

　　從這件事中，洛克菲勒悟出了一個道：幸運之神總會青睞那些講信譽的人。信譽，這可是生意人立身的法寶啊！

　　從此，洛克菲勒成了貸款能手，每當公司資金出現困難的時候，都是由他出面找銀行貸款。克拉克對這位合夥人不得不心服口服。於是公司裡許多重要的事幾乎都是由洛克菲勒決定，他成了公司裡的實際上的一把手。

　　洛克菲勒在任何時候都會全心全意追求他的目標。

　　據他朋友的說法：除了生意上的好消息以外，沒有事情能令洛克菲勒展顏歡笑。當他做成一筆生意，他會高興得把帽子摔在地上，痛痛快快地跳起舞來，反之如果失敗了，他也隨之病倒。

　　有一次，他經由五大湖託運價值四萬美元的穀物時沒有投保，因為是一百五十美元的保險費太高了。那天晚上，暴風襲擊伊利湖，洛克菲勒十分擔心，恐怕他的貨物遭遇不測。第二天早

上，當他的合夥人克拉克來到辦公室時，發現洛克菲勒已經在那裡繞著房間焦急地踱步。

「快」，他發抖地說，「看看現在是否還可以擔保，如果不能的話，就太遲了！」

克拉克趕快衝到城裡去，幸好順利取得保險。當他回到辦公室時，正好有一封電報來到，說貨物已卸下，未受到暴風雨襲擊，但洛克菲勒反而比先前更沮喪，因為他們「浪費」了一百五十美元！他太傷心了，不得不回家去躺下來。

想想看，那時候他的公司每年經手五十萬美元的生意，而他卻為一百五十美元如此失魂落魄，甚至因此而躺倒。

洛克菲勒經常觀察和研究市場，他在業餘時間賣過電池、小五金、檸檬水，每一樣都經營得得心應手。與貧民窟的同齡人相比，他已經可以算是出人頭地了。洛克菲勒靠經營一批絲綢便小有積蓄。

那批絲綢來自日本，數量足有一噸之多，因為在輪船運輸過程中遇到了風暴，這些絲綢被染料浸染了。如何處理這些被染料浸染的絲綢，成為讓日本人非常頭痛的一件事情。他們想賣掉，卻無人問津；想運出港口扔掉，又怕被環境部門處罰。於是，日本人打算在回程的路上把絲綢拋到大海裡。

港口區域裡有一個地下酒吧，洛克菲勒經常到那裡喝酒。那天洛克菲勒喝醉了，當他步履不穩地走過幾位日本海員身邊

時，海員們正在與酒吧的服務員說起那些令人討厭的絲綢。說者無心，聽者有意，他感覺到機會來了。

第二天，洛克菲勒來到日本人裝有絲綢的輪船上，用手指著停在港口的一輛卡車對船長說：「我可以幫你們把這些沒用的絲綢處理掉。」

結果，他沒有花任何代價便擁有了這些被染料浸染的絲綢。然後，他用這些絲綢製成迷彩服裝、迷彩領帶和迷彩帽子。一夜之間，他透過這批買賣賺了不少錢。

在他的管理下，公司的生意日益興隆，業務越做越大，收益也日漸增多。第一年，公司的營業額達到四十五萬美元，獲得純利潤四千四百美元，洛克菲勒分到兩千兩百美元，是他在休伊特公司賺到的三倍多。

第二年，公司的盈利上升至一萬七千美元。面對著喜人的業績，洛克菲勒沒有因此而沾沾自喜，依然過著苦行僧式的生活。

一個週六的下午，公司裡新來的加德納打算去玩遊艇。他邀請洛克菲勒說：「約翰，我很希望你能跟我一起去避風灣開船去。週末了，你也該輕鬆一下，別再想生意上的事了。」

洛克菲勒卻很不高興地說：「你是我見過最奢侈的年輕人。生活對我們來說還剛剛開始，事業也剛起步，你卻迷上了遊艇，這會毀掉你的信譽，也會毀掉我們公司的信譽！我是不會去坐

你的遊艇的，連看都不想看一眼。」

年輕的洛克菲勒生怕自己承受不了巨大的成功，不斷地在內心裡與驕傲搏鬥。

本來洛克菲勒與克拉克之間就存在著不可忽略的矛盾，隨著克拉克引進的新合夥人喬治 · 加德納的加入，矛盾便日益加劇。

有一天上班的時候，克拉克一見洛克菲勒，便興沖沖地說：「約翰，我要引進個合夥人。」

「引進什麼合夥人？」洛克菲勒感到很好奇。

「喬治 · 加德納。如果他來了，我們公司就會聲名大振，生意一下子會好很多。」克拉克一個人沉浸在興奮中。

洛克菲勒對此並沒有接話，雖然他對加德納並不熟悉，但是對加德納的家庭，他還是知道一些。因為在克里夫蘭幾乎沒有人不知道加德納家族，這個家族實在太有名了，基本上可以說是家喻戶曉。

洛克菲勒在心裡默默地盤算著：引進一個貴族的人進公司，真的需要嗎？

兩天後，克拉克迫不及待地帶領喬治 · 加德納來到了公司，與洛克菲勒見面。

熱情洋溢，很有感染力與號召力，這是加德納給洛克菲勒

留下的第一印象。雖然不錯，但是洛克菲勒畢竟對他的瞭解太少。

沒等徵求洛克菲勒的意見，克拉克便直截了當地說：「約翰，加德納以後就是我們公司的合夥人了。」

洛克菲勒一時不知所措：同意吧，他確實沒有心理準備；不同意吧，明顯是表明自己不歡迎加德納，其實他心裡也並不牴觸新的合夥人加入。

洛克菲勒雖然覺得克拉克有些過於急切，但是他沒有表態。雖然洛克菲勒與克拉克投資額一樣，都是兩千美元，但克拉克是創始人，這是公司成立的前提。於是在一八五九年四月一日，克拉克─加德納公司掛牌成立，辦公地址沒有改變。

洛克菲勒並沒有對自己突然成為第三合夥人，或名字沒有出現在公司名稱中表現不悅。因為特殊的家庭背景培養了他務實的態度，只要是對公司有益處，自己損失點名分並沒有什麼關係。

加德納加入公司後，一些當地的知名公司紛紛與其建立業務聯繫，公司的人氣一下子旺了起來，經常有人慕名前來。雖然，來的人既有真誠想做生意的，也有招搖撞騙的。

然而，一八五九年，公司的利潤並沒有增加太多。出現這種情況的原因，一方面是增長的業務利潤不高，另一方面是加德納開銷比較大。

加德納出生在富裕的家庭，從小家境優裕，衣食無憂。他的愛好極為廣泛，尤其熱愛帆船。一八六〇年初夏，克拉克經不住加德納的多次勸說，加上公司業務好轉、手上錢多，物慾也跟著增強，於是決定花兩千美元購買一艘帆船。

洛克菲勒正式表示反對：「太張揚了！」

要知道，兩千美元是公司投資額的三分之一，這無疑是筆巨額投資，而且以洛克菲勒的勤儉性格，怎麼可能同意這種鋪張浪費的舉動呢？有這錢，再做投資不好嗎？

為了表示公平，三個股東第一次舉手表決，二比一，洛克菲勒輸了。但是由於洛克菲勒的堅決反對，這次購買沒有作為公司計劃，而是克拉克與加德納兩個人的私人愛好。

克拉克與加德納以每人從公司借款一千美元的形式買了一艘帆船。同時，他們向洛克菲勒保證，等帆船買來後，一定不花公司的一分錢，也不會占用他們上班的時間。

每到週末，當克拉克與加德納來到伊利湖練習帆船時，總能吸引來無數羨慕的眼光，許多美女主動搭訕著上船，因為在當時的克里夫蘭，帆船是一種非常時髦的運動。克拉克與加德納經常是盡興而歸。

因為與洛克菲勒有約在先，一開始練習帆船時，加德納與克拉克就嚴格恪守對洛克菲勒的承諾，不花公司一分錢，不占用他們打理公司的時間。

有一天，陽光特別好，剛過中午，加德納心中癢得不行，多次蠢蠢欲動，只是一看到洛克菲勒還在全神貫注地伏案工作，就有點洩氣。

加德納最後實在坐不下去了，用略帶央求的語氣對洛克菲勒說：「約翰，我實在忍不住了，我們去湖上賽船吧！」

「我有工作，不能去。你也一樣不能去。」洛克菲勒毫不留情地反對了加德納的要求。

「我為什麼不能去？再說，好好休息才能更好地工作。」加德納對於洛克菲勒的阻攔顯得很不滿意。

「我們在買船之前有過約定，任何人不能占用工作時間去練習帆船或參加帆船比賽。這是你與克拉克答應我的。」洛克菲勒平靜地解釋道。

「如果我非去不可呢？」加德納有些著急了，固執地大聲說道。

「加德納，你週末去參加帆船賽已經很張揚了，難道你還要占用工作時間嗎？」洛克菲勒絲毫沒有退讓，也提高了說話的聲音。

「約翰，我知道我們的生活態度不同，我是享樂派。你不能因為信教，就要求我也過你那種沉悶無聊的生活，誰也不能影響我的生活，包括你！」說完，加德納怒氣衝衝地離開了辦公室，獨自划船去了。

洛克菲勒無奈地看著克拉克，心裡在說：「這就是你引進的合夥人！」克拉克明顯感到理虧，聳聳肩，然後若有所思地轉頭看著窗外。

要不是接下來發生了南北戰爭，洛克菲勒與加德納之間的合夥人矛盾，肯定一觸即發。

戰爭改變了一切，幾個合夥人意識到發財的機會來了。

抓住投資機會

雖然美國透過獨立戰爭建立了美利堅合眾國，但是獨立後的美國在經濟上分裂成矛盾尖銳的兩大部分：北部和西部的州工業發達，代表著進步的資本主義經濟；南部各州還存在蓄奴制，代表著封建的種植園經濟。

在美國南部，那些被擁有耕地的「棉花貴族階級」視為不動產的奴隸，替莊園主創造了滾滾財源，加上歐洲的棉花需求和嚴寒帶來的不景氣使他們欣喜若狂，有恃無恐。如同斯皮爾曼預料的，南部的貴族們和他們的財政界後盾，擺出了一副不惜一戰的架勢。

可是北部是工業地帶，將奴隸作為勞動力並不划算，而且，由於連續兩年中西部寒冷造成的影響，國內工業品比不過廉價的歐洲進口貨，北部財界只好向華盛頓政府施壓提高關稅。

南北方基於各自的立場，不斷爆發政治和武力衝突，一場

內戰蓄勢待發。

一八六一年，亞伯拉罕‧林肯當上美國第十六任總統。他是共和黨的領袖，是堅定的廢奴主義者和卓越的政治家。他上任幾個月後，南北戰爭終於在四月十五日爆發，那是美國歷史上具有重要意義的戰爭。

在南北戰爭，克里夫蘭的地位一躍而上。因為戰爭切斷密西西比河與俄亥俄河的水路運輸，只供軍隊使用，南北縱向交通因而變成東西橫向運輸，許多重要物資的運輸都要經過克里夫蘭。

為了軍事需要，政府還在五大湖的南岸迅速地修建了鐵路，成為連接東西部的大動脈，克里夫蘭又成了東西交通要道的中心。

一八六一年四月，作為克里夫蘭的青年創業者，二十一歲的洛克菲勒陷入了沉思。林肯總統剛剛發佈的徵兵令，讓洛克菲勒左右為難。

洛克菲勒從小便是黑人奴隸制的反對者，所以林肯總統發動解放黑人奴隸的戰爭，自己於情於理都應該參加，但是他又擔心一旦自己報名參加戰爭，一家人將失去經濟來源。

最後，理性還是戰勝了感性，再說洛克菲勒的骨子裡是個徹頭徹尾的商人。他很快就意識到南北戰爭是上帝賜予他極好的發財時機，他必須緊緊地抓住它。

南北戰爭前夕，洛克菲勒時刻關注局勢的發展，當時他對地圖的研究絕不亞於陸軍參謀部的軍事統帥。當他預測到戰爭即將爆發時，洛克菲勒一反常態，常常面帶喜色，有點青春煥發。

在辦公室裡，洛克菲勒興奮地踱來踱去，揮著手臂向克拉克叫著：「我們可要抓緊時機啊！」

克拉克感到迷惑不解：「戰爭使一切都變得混亂不堪，生意還怎麼做？你要抓緊時機幹什麼呢？莫非你想去打仗？」

「我不會上戰場，家裡離不開我。再說，總不能人人都去打仗，國家也還需要有人做生意啊！」洛克菲勒並沒有任何掩飾。

當時，許多熱血青年都上了前線，洛克菲勒十六歲的弟弟富蘭克林也穿上了軍裝，洛克菲勒的興趣卻全在賺錢上。他用不屑的口氣對不開竅的克拉克說：「戰爭意味物價飛漲，意味食品短缺，還可能產生饑荒，你難道連這個都不懂嗎？」

克拉克恍然大悟，明白了洛克菲勒的意圖：「原來是這樣！」

接著洛克菲勒用不容反駁的語氣說：「我們要儘快從西部購進穀物、鹽和火腿，還要買南方的棉花和賓川的煤。」

「可是哪來的資金啊？」克拉克喊著。

洛克菲勒斬釘截鐵地說：「我看就把公司這兩年賺的錢全部投進去。如果不夠，我們再到銀行去貸款。」

「銀行肯貸錢給我們嗎？」克拉克對銀行借款一事沒有信心。

「你等著瞧吧，我會貸來給你看的。」洛克菲勒以一副老大哥的口氣說，「向銀行借錢是會生利息的。」

「生利息？你搞錯了吧，是要付利息的！」克拉克疑惑了。

「付了銀行利息所剩餘的，那不就等於利息嗎？明年的利潤目標是三倍。」洛克菲勒自信滿滿地說道。

雖然克拉克認為這樣做未免太冒險，但還是順從了洛克菲勒的意願，因為他相信洛克菲勒的判斷是正確的。

於是，洛克菲勒在辦公室的牆上掛上大幅的地圖，上面有紅色和黃色的圖釘，他每天都站在地圖前思索，不過關心的不是政治，而是根據戰況把握做生意的方向。

正如洛克菲勒所預料的，此時的歐洲發生了自然災害，穀物歉收，農產品的價格飛漲，訂貨單爭搶著湧進了洛克菲勒的公司。洛克菲勒把儲存的大批穀物和食品賣了出去。

同時，他們還向華盛頓聯邦政府出售鹽和食品。由於這些貨品在戰爭時期都非常緊缺，價格自然不菲，洛克菲勒公司從中獲利不少。

洛克菲勒這時認識了一個名叫亨利·弗拉格勒的年輕商人，他是靠販賣食鹽起家。他們兩人同時覺察到販鹽可以賺大

錢，聯手到處收購，然後把大批食鹽賣給北軍。這樣，更多的美元落入他們的口袋。

洛克菲勒的經商才幹也許是從他父親的遺傳因子中得來的，也許是一種天賦。

「我是上帝最誠實的兒子，上帝幫助了我！」年輕的洛克菲勒每當發了一筆財時，總把上帝據為己有。似乎上帝也姓洛克菲勒。

在戰爭中，洛克菲勒的公司從初期的小經紀商行發展成經營鹽、穀物、食品和牧草的大公司，洛克菲勒也因此變成名副其實的富人，但他並沒有滿足現狀，而是憑著獵人般的機敏在尋求新的獵物。

南北戰爭帶來美國的改革開放，因為它一方面達到政治統一；另一方面形成更大的市場，為美國工業成長奠定了穩固的基礎。

當時無論是照明還是機器潤滑，都是使用鯨魚油，但它的成本高昂，而鯨魚數量越來越少的憂慮也成了捕鯨業的達摩克利斯之劍，新的照明與潤滑物——至少在美國——成為化學家、冒險家爭相追尋的物品。

早在十八世紀中葉，住在賓州的印第安人就發現了石油。他們用毛氈浸在漂浮著黏稠原油的小河裡，把吸上來的油裝進小瓶，這些原油變成了神奇的藥品，可以用來治療關節炎、淋巴結

等疾病。打仗的時候，他們會把它塗在臉上嚇唬敵人，但沒人不知道它可以用來照明。

一八五五年，一個叫喬治・比爾斯的人請美國耶魯大學西利曼教授對「神奇的藥水」進行了化學分析，得出了它能夠透過加熱蒸餾分離成幾個部分，每個部分都含有碳和氫的成分，其中一種就是高質量的用以發光照明的煤油。這是人類第一次意識到石油對人類生存的意義和價值。

一八五八年，比爾斯請德瑞克（Edwin Drake）上校帶人打井，並在一八五九年八月二十七日於鑽到六十九公尺深的時候獲得石油。從此，利用鑽井獲取石油、利用蒸餾法煉製煤油的技術真正實現了工業化，現代石油工業誕生了。

石油的誕生，是老天送給人類的禮物，比起鯨魚油來，它更便宜、更易存貯、更能透過工業化批量生產，而後者也是他最重要的價值之所在。。

像十年前加利福尼亞曾經爆發的採金熱一樣，十年後，黑色黃金熱又在席捲美國大地，對美國的經濟產生了巨大的震撼。

可是第一個石油開採者德瑞克，卻在花掉自己所有的積蓄後，在孤寂和貧困中於長島的敬老院裡默默地離開了世界。

多年後，已經發達的洛克菲勒出資十萬美元，在泰特斯維爾村（Titusville）為德瑞克雕了一尊銅像，以紀念這位勇敢的開拓者。銅像的紀念碑上刻著這樣幾行字：他無心追求名譽和利

益，卻為這個國家的產業繁榮奠定了基礎。

在成群的冒險家把灼熱的目光投向石油業的時候，克拉克沉不住氣了：「約翰，我們把全部資金投入到石油業吧，現在不做更待何時？我們總不能坐在一邊看別人發財吧？」

洛克菲勒默不做聲。他是公司的拍板人，有絕對權威。克拉克儘管急得抓耳撓腮也毫無辦法。

其實，洛克菲勒早就在密切地關注著石油業的行情了。不過他心裡想：一切事情，要搞清楚它的來龍去脈就得親自去看。盲目下手的人是撈不到好處的，他們都是蠢貨！

一八六〇年的秋天，洛克菲勒背著帆布包和一支來復槍，從克里夫蘭出發，騎著馬到賓夕法尼亞州的南部去做實地考察。

他先到了泰特斯維爾村南邊二十四公里處的油城，看到無數的馬車載著木桶在運油，又到了西南方的小鎮富蘭克林，最後來到泰特斯維爾村。

此時的泰特斯維爾已經有了鎮的規模。村後大片丘陵上的樹木全被砍光，到處是高高的井架，旁邊搭著歪歪扭扭的小木屋，挖井設備極其簡陋，有鐵製鑽頭、用粗繩吊著的木製瓶，木製的貯油槽在漏油，弄得遍地黑糊糊的……一切都很原始和混亂。

他仔細地觀察、詢問，並在小本子上記下：油井七十二座，日產原油一千一百六十五桶。

　　他住進了美利堅飯店，這是當年德瑞克上校的下榻處。二十一歲的洛克菲勒臉色有些蒼白，一對細長的眼睛，透著機敏和自信，淺棕色的頭髮整齊地梳向腦後，舉止文雅而得體，與那些冒險家不同。「看來他像個紳士。」老闆娘這樣對老闆說。

　　太陽剛爬上樹梢，洛克菲勒梳洗完畢之後對女侍者說：「請幫我買一份報紙。」報紙送來了，他給了小費，然後坐在一樓酒吧的一角，一邊吃麵包喝咖啡，一邊專心地看著報紙。他關注穀物和肉類的價格，還有石油價格的漲落。他在那裡住了兩三天。

　　洛克菲勒回到克里夫蘭，面對正在焦急地等待他的克拉克說：「現在做石油還不是時候。」

　　「為什麼？」克拉克瞪圓了一雙眼睛，他早就躍躍欲試了。

　　「現在挖出的油太多了。一些人只顧賺錢，一窩蜂似地往上擁，行情只能往下跌。」洛克菲勒冷冷地說。

　　克拉克還抱著希望：「現在人們都在談論石油，你不是也說過石油業大有潛力嗎？」

　　「當然很有前途，只是現在絕對不行。現在生產秩序很混亂，掘井設備也太落後了，還有運輸問題。總之，現在插手石油業絕不會賺到錢。」

　　克拉克聳聳肩，攤開兩手，無可奈何地搖搖頭。在公司裡，雖然他的年紀大，卻只有聽從的份。

　　兩個月，三個月過去了，石油行情果真像洛克菲勒預測的那樣，油價瘋狂地下跌，而且人們對石油的需求量很少。紐約市場上一加侖石油連十美分都賣不到，這不和水的價值一樣了嗎？

　　一八六一年春天，用煤煉製的替代油已經在克里夫蘭上市，賓州的油井這時也已增加至一百三十五座，比當初他勘察時多一倍。

　　克里夫蘭的報紙整版報導：「三萬桶原油在產地滯銷。」

　　為了阻止這瘋狂的下跌，油井商相約把每桶售價定為不得低於四美元，但消費者對原油價格的牴觸使生產過剩和行情暴跌，原油大量滯消，使產油者不得不減產。

　　龐大的數字觸目驚心，再加上油井爆炸、火災頻頻發生，災難性的消息接二連三地傳來。克拉克慶幸自己聽從了洛克菲勒的主意，才沒有走錯關鍵性的一步。

　　洛克菲勒胸有成竹地說：「打先鋒的是笨蛋，只有看準時機的後來者才能賺大錢。」

　　他是在關鍵時刻把握時機的天才。當機會向他走來時，他能及時抓住；當時機不成熟時，他能力排眾議，耐心等待。這正是他日後在事業上取得成功的祕訣之一。

成就成功夢想

> 我研究有錢人的時候，發現只有一個方法能
> 使他們花了錢、得到真正的等價物，那就是培養
> 一種情趣，把錢花得可以產生持久滿足的效果。
>
> ——洛克菲勒

初涉煉油業

這時洛克菲勒瞭解到產油地泰特斯維爾正計劃修築鐵路，他覺得時機已經成熟，便找克拉克商量：「我們賺了這麼多錢，現在拿來投資原油吧，怎麼樣？」

「想投資暴跌的泰特斯維爾原油，你瘋了？」克拉克吃驚地說。

「據說可利鎮到泰特斯維爾計劃修築鐵路，一旦完工，我們就能用鐵路經過伊利運到克里夫蘭……」儘管洛克菲勒百般勸說，但是克拉克依舊無動於衷。

雖然洛克菲勒心裡抱怨克拉克沒有膽魄，但是公司畢竟是他們倆合開的，投資原油這麼大的事，不能由他擅自決定，最後只能放棄。

洛克菲勒依然不停地在考慮新事業的發展方向。他發現原油在精煉成煤油之後才有價值，而煤油是當時點燈的最好油料。在一八六二年，每桶原油售價僅為三十五美分至五十五美分，而提煉的石油可賣到每加侖二十三至三十五美分，不但如此，精煉石油的成本很低，一桶原油成本僅四十美分，所以投資在精煉石油業上是很穩定而且划算的買賣。

煉油廠如雨後春筍般，一家又一家地在美國東北部各大城市開張了。各大鐵路公司為了賺取運費，很快地在每個石油轉運的必經地鋪設了新軌道，有利於石油開採和精煉石油者的交通。

一八六三年，克里夫蘭已經發展成一座新興的石油城，擁有許多的小型煉油廠。洛克菲勒決心要建一個精煉石油廠，恰巧在這時，一個叫安德魯斯的英國化學家找到了他的搭檔克拉克。

安德魯斯是從英國威爾士移民來美國的，和克拉克來自同一個地方。八年前，當他剛剛踏上克里夫蘭這片土地時，便開始全身心地投入煤炭的液化研究工作。和他一起移民到美國來的這

一批人，其中不少人曾在不列顛帝國或蘇格蘭的大學裡做過油頁岩研究，他們決心在賓州這個世界原煤寶庫中煉出蠟燭原料液化油來。

當德瑞克鑽到石油的消息傳來時，安德魯斯的內心受到巨大的衝擊，直覺告訴他「這東西比煤強」，一定大有發展前途。於是他迫不及待地跑到泰特斯維爾取回原油標本，在自己實驗室裡忙開了。

安德魯斯就是美國最早從事石油精制實驗的先驅者之一。他堅信：「從賓州石油中精煉出來的燈油，絕對可以代替煤炭液化油。」

安德魯斯不僅技術好，而且有他獨創的祕密武器——用亞硫酸氣來精煉石油。這種方法的確比一般人採用的精煉方法更好，但是沒有人對他的實驗感興趣。為了提供資金給他做實驗，安德魯斯太太只有替人縫縫補補來資助丈夫。功夫不負有心人，安德魯斯終於在實驗室製造出了蠟燭。

安德魯斯滿懷希望地找到克拉克，想勸克拉克投資提煉石油。他慷慨陳詞：「我提煉石油的新方法還沒有人掌握，用這種方法提煉出的煤油市場將會非常廣大！」

克拉克對石油業早已沒有信心，不想冒這個風險，可是面對同鄉的求助，只好說：「我們公司的經營資金很有限，要向貨主付定金，還要買保險、交房租，想再投資確實困難。」

接著他像下了大決心似地說：「這樣吧，我和我的合夥人拿出五百美元資助您。不過，很抱歉，我要說明這是借款。」

安德魯斯認為太少了，無法開業，覺得非常失望。後來，他聽說洛克菲勒是公司的決策人，他們曾在浸禮會教堂裡有過一面之交，於是，他又抱著一線希望來找洛克菲勒。

洛克菲勒正在考慮投資煉油業，安德魯斯此時找上門來，可謂他的正中下懷。在聽完安德魯斯介紹了自己的新技術後，洛克菲勒非常慶幸自己的公司將得到一位掌握祕密武器的人。他當機立斷：「好！我們決定投資四千元，我們一起做！」

安德魯斯又找到克拉克，告訴了洛克菲勒的意見。「既然約翰決定了，我當然無話可說。」克拉克的態度有了一百八十度大轉彎。

不久，安德魯斯—克拉克公司的牌子掛出來了。洛克菲勒還要再看看，他甘願當後台老闆。這也許又是他的一種「等待」策略吧！

到公司成立的第二年，即一八六四年，洛克菲勒開始把注意力從中間商業務轉向煉油業務，他終於結束了他的「等待」。越來越多的時間，他待在安德魯斯—克拉克的總部裡，處理一些業務。公司的總部設在克里夫蘭的西南近郊，古亞和加河支流堤岸的下方。

選擇這個地方建精煉油廠可謂頗具眼光。工廠鄰近伊利

湖，不僅水路十分方便，而且可以利用鐵路運輸。連接原料產地油城和克里夫蘭市的西亞特蘭大鐵路已由英國出資建成。

　　建造精煉廠大約租用三千六百畝的土地，按照租用的慣例，承租人在租用土地後可以買下該塊地。在這片紅壤上首先豎起的是小型的工廠，還有附屬倉庫。

　　河堤下面整齊地排放著許多剝皮的原木，這是預備做木桶裝石油的，工廠和堤岸的後方是一方斷崖，斷崖與一小山丘相連，登高遠望，克里夫蘭市的景色盡收眼底。在後來精煉油的管道輸送上，斷崖成了極為有利的地形條件。

　　三個合夥人根據各自的特長，進行了分工合作：安德魯斯對早期的石油工藝很熟悉，從事這方面工作得心應手，所以由他負責工廠的設計和運轉操作；克拉克負責和石油區的生產商搞原油交易，而洛克菲勒負責財務和推銷工作，發揮他這方面的才能。

　　因為提煉石油的技術很簡單，投入少量資金就有發財的機會，人們便一窩蜂地湧入這個行業。無論是誰，只要手裡有一台石油蒸餾器就能獲得豐厚的利潤，沒過多久，精煉油市場上就出現了供過於求的局面。

　　安德魯斯不得不像魔術師似地把煉油工藝變來改去。煤油的質量提高，每桶原油出煤油的百分比也提高，物美價廉的煤油自然贏得了市場。

　　洛克菲勒不愧是個好管家。他每天清晨六點就來到煉油

廠，有時搬木桶，有時運垃圾。也許因為從小就生活在不安定的環境裡，他很注意在生意上自給自足。

有一個管道工去購買管道，在帳單上造假。洛克菲勒非常生氣，他對安德魯斯說：「月底前再雇一個管道工吧！以後由我們自己購買管子和一切管道材料。」

細心的洛克菲勒抓住每一個細小之處，不斷地改進。儘管當時由於採油量時少時多，油的價格也經常大起大落，他的公司卻從未虧損，盈利已經遠遠超出了農產品代理商的收益。

洛克菲勒開始以極大的熱情投入這個行業。他想買到又好又便宜的原油，不辭辛苦地親自跑到採油區去。一路上他先乘火車，又換乘馬車，穿過丘陵、高地和茂密的森林，來到泰特斯維爾。

崎嶇的鄉間小路上，頭戴闊邊氈帽、滿臉鬍鬚的車老闆趕著裝滿石油的馬車，駛向鐵路邊。車隊過處，有的油桶從車上掉下來摔碎了，黑乎乎的石油和雨後的泥漿摻和起來，弄得道路更是泥濘不堪。

洛克菲勒來到溪岸上，看到新興的石油工業把昔日綠色的山谷變成地獄般模樣：油罐、井架、機房和搖搖欲倒的小屋亂糟糟地擠在一起，還有穿著長筒靴的採油工四處遊蕩，在酒館裡酗酒和賭博。一切都處於雜亂無章和無序狀態。

洛克菲勒穿過一個泥潭，裡面全是油罐裡倒出的汙物和泥

漿的混合物，上面只架著一根六吋寬的橫木供人行走。他膽顫心驚地在上面走著，一不小心竟然掉了下去。他自嘲地說：「瞧瞧，我已經全身心投入到石油業了。」同行的人看著他的狼狽相，禁不住哈哈大笑。

洛克菲勒和豪爽快活的採油工談話，儘量地收集有關石油的資料，還到鑽井邊去看來出的石油。這些對他的煉油廠都是寶貴的訊息。

坐在返回的列車上，洛克菲勒回想著看到、聽到的一切，不禁浮想聯翩：石油業真像是賭博，它造就了許多富翁，又使一些人一夜之間變成窮光蛋。看來多數石油商還沒想到要建立一個有序的工業。

洛克菲勒慶幸自己選擇煉油業是正確的，比起採油業，它風險小，也比較有秩序，他相信煉油業會有遠大的前途。

他會竭盡全力把它當作事業來做，而不是一時心血來潮的遊戲。

建立幸福家庭

一八六四年，精煉石油公司開業的第二年，內戰進行得如火如荼，洛克菲勒迎來了他人生中的一件大事——他向心儀已久的女友蘿拉求婚成功了。

洛克菲勒是在讀高中時認識蘿拉的。蘿拉是一位端莊的女

孩，圓圓的臉，深褐色的眼睛，長長的栗色頭髮梳向腦後，說話和舉止都很輕柔。她很有自制力，從不發脾氣，是虔誠的基督教徒。她從不跳舞，也不看戲，認為這些世俗的娛樂都是不正確的。這種清教徒的生活方式和沉靜穩重的性格深深地吸引著洛克菲勒。

蘿拉中學畢業之後，曾和姐姐露西一起在奧瑞德學院上了一年學。這是一座向女子開放的高等院校，學校裡倡導研讀古希臘和羅馬的文學作品，還大力支持女權運動和為黑人謀福利的活動。這一切都讓蘿拉興奮不已。

蘿拉是有才氣的學生，她會寫詩，組織過文學會，還喜歡思考一些社會問題。

一八五九年，蘿拉和露西又在克里夫蘭學院學習法語、拉丁語和鋼琴。後來她還在公立學校裡當過老師和校長助理。她的聰慧、有教養尤其得到洛克菲勒的敬重和喜愛。

蘿拉的家庭是名門望族。父親斯佩爾曼先生是俄亥俄州的議員，還經常從事宗教和慈善事業。他抨擊烈酒是魔鬼，是點燃人類本性中最低劣之慾望的火種。他們全家更是堅定的廢奴主義者，常幫助逃跑的奴隸走向自由。

斯佩爾曼體面的社會地位和聲望，正是洛克菲勒所缺乏的。也許，這是除了蘿拉本身的魅力之外，又一個吸引洛克菲勒的地方吧？

一八六二年，洛克菲勒還在做農產品的中間商時，常常會在週末的時候騎馬到蘿拉家附近，假借看新兵訓練之名到處晃。在他經營煉油廠之後，也會用他的平板馬車載蘿拉出遊，一邊述說自己生意上的事。

「約翰真是個胸懷大志的人。」年輕女孩從心底佩服這位比她學歷低的男性。

洛克菲勒很有耐心地追求蘿拉。他有時也會到蘿拉的家裡，她的父親逐漸喜歡上這個有生意頭腦的男生。他身穿大禮服和帶條紋的褲子，頭戴絲質禮帽，筆直的鼻子，緊閉的薄嘴唇，目光堅定而清澈。他不凡的氣質也在吸引蘿拉的芳心。

在他們相識九年之後、一八六四年三月的一天，洛克菲勒來到蘿拉家裡鄭重地向她求婚，蘿拉的答應似乎也是順理成章的事。

不久，洛克菲勒花了一百一十八美元買了一枚鑽戒送給蘿拉。這對一向節儉成性的洛克菲勒來說確實是驚人之舉，但也許他是在用行動告訴蘿拉的雙親：他已經是個有作為的企業家，有能力讓蘿拉過上好日子。

一八六四年九月八日下午，二十五歲的洛克菲勒和二十四歲的蘿拉舉行了婚禮。婚禮由牧師主持，在休倫大街斯佩爾曼家的客廳裡舉行，只有雙方親人參加。這很符合洛克菲勒一向不喜歡張揚的作風。

　　有趣的是，就在這一個喜慶日子的上午，洛克菲勒仍然照常工作。他去了市內的兩處辦公室和工廠的箍桶工廠，發了一些指令，並對主管人員說：「今天這二十四名員工的午餐費由我來支付，要弄得好一點。當然，別忘了，千萬別耽誤幹活。」至於為什麼請客，他沒有說明。

　　接著這對新婚夫婦選擇了頗為浪漫的度蜜月形式。他們租來了一輛黑色的夢幻馬車順河而下，到尼亞加拉瀑布等地遊山玩水，盡情享受。

　　黑色的夢幻馬車輕快地跑在公路上，駛向尼亞加拉瀑布，馬車上坐著洛克菲勒和蘿拉，臉上洋溢著幸福的笑容。

　　馬車終於停下來，兩人跳下馬車，沿著一條寬闊的山路向前走著。忽然，他們的眼睛一亮：一道極寬闊的水簾掛在幾百米高的絕壁上，在陽光的映照下，像無數顆鑽石在閃閃發光。水落下來發出震耳的轟鳴聲，有如萬馬在奔騰。濺起的水花則織成一片片薄霧，令人眼花繚亂。

　　他們被眼前的美景陶醉了。沒見過世面的洛克菲勒表現出強烈的好奇心，不停地嚮導遊提出各種問題，弄得導遊昏頭漲腦，竟把馬車趕到溝裡，還弄壞一個車輪。

　　他們爬上了一座碧綠的山峰，山下的草地上有放牧的牛羊，還有幾幢孤零零的小房子。洛克菲勒急於想瞭解當地的事情，恰好碰到一位老人，各種問題又像連珠炮似的射了出來：「這

座山叫什麼名字?」「為什麼這樣叫呢?」「關於這座山一定有什麼故事吧?」「這裡的人靠什麼為生?」

老人累得迷迷糊糊,只好可憐兮兮地說:「年輕人,看在上帝的份上,你如果允許我坐一會兒歇口氣,我保證回答你所有的問題。」

旅行歸來,這對新人住進切爾西大街二十九號,一幢漂亮的兩層樓裡。窗戶高大敞亮,佈置樸實無華。

他們沒有僱用僕人,家務主要由蘿拉承擔,但洛克菲勒一有空就會趕到家裡幫助蘿拉。如果因為生意上的事耽誤回家與妻子共進晚餐,洛克菲勒就主動向蘿拉交罰金,然後把這筆開支記在帳本上,他用這種獨特的方式表示著自己的愛意,蘿拉哪會再去責備自己的丈夫呢?

善於財務和習於記帳的洛克菲勒對他所愛的女子花費的錢也一絲不苟地記在帳上。在一八六四年的第二類分類帳上,按時記載著他追求蘿拉和結婚的各項費用:買花束的錢,一次是六十美分,一次是五十美分,還有一次是一點五美元。

一八六四年四月八日,他買訂婚的金剛鑽戒指一百一十八美元;同年九月八日,婚禮費二十美元,結婚證一點四美元,買結婚戒指十五元七十五美分;觀賞尼亞加拉大瀑布七十五美分;為新娘買墊子七十五美分。連三美分郵費也沒有在分類帳上漏掉!

洛克菲勒無限忠於他的妻子，他們真誠地相愛、相互理解和扶持。南北戰爭結束時，洛克菲勒的事業和家庭生活都有了堅定的的基礎。他儲備充沛的精力去迎接戰後美國經濟振興的挑戰。

合夥人分道揚鑣

雖然克拉克也算是精明的生意人，但是他脾氣暴躁，生活上也不太檢點。剛開始與洛克菲勒合作的時候，他常對小他十歲的洛克菲勒說：「要是沒有我，你究竟能幹什麼？」

洛克菲勒不做聲，心裡卻很不快。

憑著才幹，洛克菲勒很快成為公司的決策人，克拉克也深知自己的能力上比不上他。後來，克拉克把弟弟詹姆斯拉進公司；詹姆斯原來是拳擊手，依仗自己手臂粗力氣大，誰都不放在眼裡。

有一天，為了一件小事，詹姆斯闖進辦公室，對洛克菲勒破口大罵。洛克菲勒不動聲色，把兩腳架在辦公桌上。等到詹姆斯罵夠了，洛克菲勒冷冷地說：「聽著，詹姆斯，你能把我的頭揍扁，可是你要明白，我不怕你。」

詹姆斯自討沒趣，灰溜溜地退出辦公室。從此不得不有所收斂。

洛克菲勒對克拉克兄弟越來越不滿。他對安德魯斯說：「軟

弱和缺乏道德的人注定不是好商人。」他清楚地知道自己需要的合夥人是可靠的、能贏得銀行和客戶兩方面信任的人。

洛克菲勒與克拉克的分歧越來越大。

洛克菲勒要擴大生產規模，向銀行貸了很多款。害怕債務的克拉克像老奶奶一般忍無可忍，對洛克菲勒大叫：「約翰！你已經借了十萬美元了，你想過怎麼還這筆錢嗎？」

洛克菲勒立即反駁：「不做大的投入怎能有大的收益？要擴大業務，就要有錢，就得向銀行貸款。」

他感到和克拉克合夥，就像老鷹的翅膀被捆住一樣，無法向高空衝刺。於是他逐漸下了決心：一定要擺脫掉這對兄弟。

有一天，他對安德魯斯說：「我不喜歡克拉克和他那套做派。他品行不端，他在拿石油作為賭注。我可不想和賭棍在一起做生意。」

他抬起眼睛認真地審視化學家，加重語氣說：「如果我買下他們的股份，你願意跟我一起工作嗎？」

「那當然，這是毫無疑問的。」安德魯斯向來佩服洛克菲勒的老謀深算，毫不猶豫地表明了態度。

幾個星期之後，洛克菲勒與克拉克又爭吵起來。克拉克氣急敗壞地嚷著：「如果你堅持不停地借款，用這種方式做生意的話，我們還是拆夥吧！這樣你就能完全按你的意願辦事了。」

克拉克已經不止一次用拆夥來威脅他。

「我完全同意。」洛克菲勒冷冷地盯著對方，立即表明態度。

這下克拉克反倒吃驚了：「你真的想分手？」

「我真的願意分手。」洛克菲勒語氣平和而堅定，「我已經找到幾家銀行，他們同意把公司拍賣給出價最高的買主。」

克拉克張口結舌，還想說什麼，洛克菲勒已經聳聳雙肩，離開了辦公室。

拍賣是在一八六五年二月二日進行的，洛克菲勒和安德魯斯為一方，克拉克為一方，他們請來了律師主持拍賣。

「五百美元！」克拉克開始喊價。

「一千美元。」洛克菲勒毫不示弱。

「一千五百美元。」

「兩千美元。」洛克菲勒緊追不放。

當價標喊到五萬美元的時候，雙方都知道，它已經超過了公司的實際價值。可是喊價仍在不停地上升。

「六萬美元。」

「六萬五千美元。」

「七萬美元。」

「七萬兩千美元。」克拉克艱難地喊著，頭上滲出了汗珠。

「七萬兩千五百美元！」洛克菲勒已在擔心自己能否買得起了，可是他毫不遲疑地報出了價錢。他要壓住克拉克，這個目標不能放棄。

克拉克站了起來，走到洛克菲勒面前，有氣無力地說：「約翰，它歸你了。」

「要不要現在開支票？」洛克菲勒緊盯不放。

克拉克攤開兩手：「我很願意把煉油廠託付給你。在你方便的時候再結帳吧！」

不過，洛克菲勒還是很快就把克拉克在公司的一半股金，還有七萬兩千五百美元錢一併交給了他。從此，洛克菲勒擁有了克里夫蘭最大的煉油廠。

對於洛克菲勒來說，這是他一生中最重要的一天，是他在人生道路上獲得成功的開始。從此他要獨自運用自己的才能和智慧，去把握和開拓未來。

那是南北戰爭接近結束的時候，林肯總統被刺的惡耗剛剛傳來，人民都沉浸在悲痛中。在這樣一個特殊的日子，在蘇必略大街的一幢二層樓上，洛克菲勒—安德魯斯公司正式成立了。

洛克菲勒站在辦公室的窗前向外眺望，一艘艘滿載自己工廠精煉石油的駁船，在河面上慢慢地駛向遠方，他的心裡也充滿

對未來的憧憬。

煉油業正在邁向現代化的行列，一切都在日新月異。石油業的繁榮把處於優越地理位置的克里夫蘭推上了富裕之路，也造就了優秀企業家洛克菲勒。他不斷增加設備，擴大廠房，日產油量達到五百桶，年銷售額已達百萬美元。

一八六六至一八六七年，美國石油業陷入了第一次大蕭條的境地。因為投資者太多了，在激烈的競爭中，一些管理不善的小型煉油廠紛紛倒閉，一些採油商也因為供過於求而被迫停產，洛克菲勒的煉油廠卻能在不景氣中一枝獨秀，都是得力於他出色的管理。

洛克菲勒自己買林場伐木，自己製造油桶，還擁有自己的運貨馬車、拖船和儲油車廂。他不惜花費巨資讓安德魯斯放手研究，不斷提高產品的質量，而在生產過程中產生的剩餘物品也被加工成柏油、石蠟、凡士林、揮發油和潤滑油等有用的東西，深得消費者的青睞。

進軍歐洲市場

時代造就了洛克菲勒，他成了時代精神的象徵者。二十六歲的洛克菲勒如魚得水般，在石油業的商海中自由遨遊。

一八六五年十二月，他和安德魯斯又開了第二家煉油廠——標準石油廠，它和他們開辦的第一家煉油廠合起來，確立了

他在克里夫蘭第一大煉油企業家的地位。其實他的兩家煉油廠廠房都不大，它們不起眼地散落在山坡上。

洛克菲勒整天在工廠裡忙碌著。他事必躬親，腦子裡總是想著如何節省開支。克里夫蘭的制桶廠都是買濕木料，運到工廠裡待用，洛克菲勒卻要求在樹林裡鋸倒橡木之後，放到窯裡烘乾，然後再運到煉油廠，因為重量輕就節省了一半運費。他還在產油區設立了辦事處，直接購買原油，這就節省了花在中間商身上的錢。

洛克菲勒僱用了一位凡事都一絲不苟的工頭，兩人在附近的瓊斯太太家包夥。每當他們兩人穿著沾滿油汙的長筒靴出現在飯廳裡時，都讓其他用餐人因為無法忍受油味而大皺眉頭，以致被趕到門廳裡吃飯。

在開採石油的熱潮中洛克菲勒已經占領了國內市場，他又把目光放到了國外。他時刻注視著行情，發現歐洲市場的胃口越來越大，每年要從美國進口數十萬桶石油。克里夫蘭在一八六六年有三分之二的石油運往海外。一個進軍國際市場的計劃在他心裡形成了。

於是在一八六六年的一天，洛克菲勒把弟弟威廉叫到自己面前：「威廉，我想到紐約再開一家公司，副董事長由你和安德魯斯擔任。」

洛克菲勒的這位弟弟只讀完了高中，他先在穀物交易介紹

所當簿記員，之後跟著哥哥工作，一直很賣力，確實是位精明能幹的商人。威廉的臉方方的，大大的眼睛使他看上去像德國皇帝威廉，可他的血卻像岩漿一樣濃。

「你能告訴我，為什麼要開這家公司嗎？」威廉認真地問。

「歐洲的石油需求量一直在增加，我們應該有一家負責進出口業務的公司。」洛克菲勒回答道。

威廉這才領悟了哥哥的意圖。

洛克菲勒接著說：「你的任務是用最快的速度，想方設法開闢歐洲市場，讓我們的石油出口量不斷增加。此外，你要在紐約碼頭上興建儲油的倉庫，還要有一個修理木桶的工廠。這樣，要是出了漏油問題，我們就能自己解決了。」洛克菲勒考慮問題總是既周到又細緻。

威廉點了點頭，說道：「好的，一切遵照你的吩咐去做。還有其他的事情嗎？」

洛克菲勒又補充說：「你要和紐約華爾街的銀行建立聯繫。他們那裡的貸款利息要比克里夫蘭低得多。克里夫蘭的銀行已經很難滿足我們不斷發展的需要了。這件事一定要做好。」

威廉懂得與銀行打交道的難處。當時的銀行家都願意讓鐵路和政府貸款，而因為火神太喜歡光顧煉油廠，一把火就會把一切夷為平地，所以煉油業被視作風險大的行業，大多銀行家都不願為其貸款。

可是威廉的語氣依然堅定，自信滿滿地說：「好，我一定會的。」

洛克菲勒很滿意地拍了拍威廉的肩膀，目光中充滿了信任和兄長的關愛。

威廉踏上了征途，到了紐約就在珍珠大街一百八十一號設立辦事處，接著馬不停蹄地開始了自己的活動。

同時，在克里夫蘭的洛克菲勒也在千方百計地籌措發展需要的資金。他一心把自己營造成正在崛起的青年企業家的形象，讓銀行不敢輕視他。

有一天，他在街上走著，心裡在想怎樣借到急需的一萬五千美元。一輛馬車突然停在他的身邊。

「您好，洛克菲勒先生。」坐在車上的是當地一位銀行家，熱情地打著招呼。

「您好。」洛克菲勒彬彬有禮地揚了一下手。

「不知您是否考慮過，要從我這裡貸五萬美元。我將會為您提供方便。」銀行家的提議猶如雪中送炭。

這無疑讓洛克菲勒大喜過望，但是他卻來個欲擒故縱：「您給我二十四小時考慮一下好嗎？」

「我恭候您的消息。」銀行家的馬車快速地向前跑去。

暫短的耽擱，表明洛克菲勒對借款並不急切，這反而贏得

了銀行家的信任。

　　第二天，洛克菲勒以非常有利的條件，與銀行簽訂了貸款協議，解決了燃眉之急。

　　又一個平常的中午，安德魯斯氣喘吁吁地跑來，找到洛克菲勒：「約翰！告訴你一個消息，有一家煉油廠要出售。」

　　洛克菲勒一聽，喜出望外地說：「我早就想買這家煉油廠了，無奈他們一直不明確表態。這次一定要買下來！」

　　「可是他們要現款，不要證券，還一定要在下午五點送到。我們到那裡的火車是下午三點開。」安德魯斯補充說。

　　「這麼說，就是一定要在三點前籌到現款了。」洛克菲勒一邊說著，一邊戴上帽子離開了辦公室。

　　幾十萬美元可不是小數字，時間已經容不得他多耽擱一時一刻。他只好一家挨一家地跑銀行，能貸多少就貸多少，還表明一會兒就過來提款。他跑遍全城的銀行，終於湊足了錢款，並在下午三點準時趕上火車，如願以償地買下那家煉油廠。

　　洛克菲勒貸款時總是真實地陳述原因，從不說假話，還款迅速準時，在銀行家那裡贏得了信譽。與銀行家的成功合作，既讓他在經營中多次轉危為安，也幫助他在激烈的競爭中贏得勝利。

　　在一八六六年的春天，洛克菲勒甚至成為俄亥俄州國家銀

行的董事，但由於他無暇也沒興趣參加董事會議，最終被除名。儘管如此，仍可見到他在克里夫蘭企業界有著舉足輕重的地位。

　　當時，在克里夫蘭有五十多家煉油廠，洛克菲勒的公司規模最大。一八六五年，他的公司有員工三十七人，收入已達一百二十萬美元。至一八六六年，收入又上升到兩百萬美元。

　　此時的洛克菲勒終於成了名副其實的百萬富翁。

建立行業標準

> 堅強有力的同伴是事業成功的基石，他既可
> 以把你的事業推向高峰，也可能導致集團分裂而
> 使你元氣大傷，甚至傾家蕩產。
>
> ——洛克菲勒

志同道合的幫手

在弟弟威廉走後，洛克菲勒一直想要找個得力助手。他需要一個能夠支持他完成設想和計劃的合夥人，於是找來了亨利‧莫里森‧弗拉格勒。

不過這次弗拉格勒登場，沒有以前那麼風光了，理由很簡單——他破產了。因為戰後對於鹽的需求已經大量減少，他不得

不從頭開始。

　　弗拉格勒比洛克菲勒年長九歲，他穿著時尚，儀表堂堂，富有幽默感，思維敏捷，辦事精明。無論什麼時候，他都是一副精力充沛的樣子，而且嚴於律己，喜歡過一種清教徒式的生活。

　　弗拉格勒也是白手起家的人。他是窮牧師的兒子，十四歲時離開學校，到俄亥俄州親戚家開的鄉村小店當店員。他後來娶了店主人的女兒，又在店主人的一個穀物公司出售農產品。那家穀物公司的所在地是玉米和小麥產區，弗拉格勒曾透過中間商洛克菲勒賣掉許多車廂的小麥。

　　南北戰爭期間，弗拉格勒成為軍隊採購穀物的承包商，還賣給軍隊大量的鹽。他成了暴發戶，發了一筆戰爭財，成立了鹽業公司。

　　最戲劇性的是，弗拉格勒在破產後，來到了克里夫蘭，在洛克菲勒過去的合夥人克拉克的公司裡謀到一份工作，也做了中間商。

　　因為弗拉格勒租用的辦公室和洛克菲勒的辦公室在同一幢樓裡，所以他們經常一起步行上下班，邊走邊聊。很快他們就發現彼此都雄心勃勃。

　　弗拉格勒說：「我向來知足，但從不滿足。」

　　「亨利，這句話說得太好了，我很欣賞。」洛克菲勒由衷地說。

洛克菲勒一直在思索：光靠銀行貸款太被動，風險也大，要想生意做得主動，最好能拉到一些投資者。有雄厚的資金才能立於不敗之地啊！

洛克菲勒便立即行動，雖然已經拉了一些投資者，可是他還想拉得更多。在下班的路上，他對弗拉格勒說：「要發展企業最重要的是資金，您能不能幫我拉一些投資者呢？」

弗拉格勒思索了一下，就爽快地說：「我可以給你介紹一位克里夫蘭的富翁斯蒂芬 · 哈克尼斯，他是我繼父的兒子。」

弗拉格勒笑瞇瞇地對好朋友講起了這位富翁的發家史：「那是在一八六二年吧，他從俄亥俄州一位國會議員那裡聽到一個消息：政府將對麥芽和蒸餾烈酒徵收稅金。他趕緊行動，囤積了大量葡萄酒和威士忌。等到政府開始徵收這項稅金時，他把囤積的烈性酒都拋了出去，一下子竟得到三十萬美元的利潤。」

令人出乎意料的是，一向主張禁酒的洛克菲勒竟然對這筆烈性酒收益大感興趣，他迫不及待地去會見這位富翁。

不久，洛克菲勒就見到了哈克尼斯。哈克尼斯長得惇惇實實，一頭亂髮，唇上是海象式的鬍鬚。他是多家銀行、鐵路、礦業和房地產公司的董事。

經過一番交談和磋商，哈克尼斯爽快地說：「你辦企業的路是對的，肯定會有發展。這樣吧，我投資十萬美元，讓亨利做公司的代表和財務主管吧！」他在心裡為能夠幫助弗拉格勒重整旗

鼓而感到欣慰。

「哈克尼斯先生，非常感謝您對我的支持，我會做好該做的事。」洛克菲勒非常滿意有了這樣一位有實力的投資者，他的社會地位也將會對自己的生意大有裨益。

一八六七年，「洛克菲勒—安德魯斯—弗拉格勒公司」正式成立，公司設在凱斯大樓，一幢有著羅馬式的圓頂窗戶的建築裡。

弗拉格勒的正式加盟讓洛克菲勒興奮異常，共同的理想又把他們連接在一起。他們每天一起上班，中午一起回家吃飯，晚上又一起回家，在路上討論新的設想，制訂下一步的計劃。他們還共同擁有一間辦公室，兩人相背而坐，很多事都是商量著辦。

弗拉格勒很擅長起草法律文件，對於別人契約中的圈套能一眼識破。洛克菲勒夫人很願意當文件的最後把關者，在她嚴格的目光下，常常找不出弗拉格勒撰寫的文件有什麼紕漏之處。

「亨利起草的文件讓人信得過，比你強。」蘿拉開玩笑地對洛克菲勒說。被貶低的丈夫只好瞪著眼睛自我解嘲，用裝出來的聲音說：「啊，親愛的，你怎麼可以這樣對待你的丈夫？」

弗拉格勒在寫商務信函時，還是把初稿拿給洛克菲勒看，洛克菲勒也一樣。他們交換初稿，在細微處做些改動，直至雙方都認為無懈可擊後，才正式發出。

一個陽光明媚的早晨，洛克菲勒衝進辦公室，興奮地對弗

拉格勒說：「亨利，威廉從歐洲發回一百五十萬桶的訂單！」他兩眼放光，在辦公室快步踱來踱去：「這是一個開拓歐洲市場的好機會，我們絕不能放過！」

弗拉格勒一聽，像彈簧似的從椅子上跳起來：「一百五十萬桶！ 太好了！ 約翰，你不認為我們應該擴大煉油廠的規模嗎？現在的機器設備和生產速度遠遠滿足不了市場的需要，我們終將要控制國際市場啊！」

「他跟我想的一樣。」洛克菲勒用親切的目光打量著弗拉格勒，心裡這樣想著。

洛克菲勒憂心忡忡地說：「可是目前資金有困難。克里夫蘭銀行貸款利息太高，再說，銀行經理們大多數都沒有什麼遠見，一有風吹草動他們就要催著還款。」

弗拉格勒顯得胸有成竹：「我有辦法。我手裡有些積蓄，能拿五萬美元。另外，我太太的伯父很有錢，可以讓他拿出九萬美元。他那個人只管出錢，不會管什麼閒事。」

洛克菲勒興奮得難以形容，要知道，足夠的資金和信譽對企業來說是何等重要。他心想：這真是上帝賜給我的一位志同道合、有眼光、有魄力的夥伴。我們的合作準能創造出奇蹟！

洛克菲勒用新增加的資金，增添了不少機器設備，還建立了新廠。他們的競爭能力大大增強了。

弗拉格勒說：「建立在商業業務上的友誼比建築在友誼上的

商業業務要好得多。」

洛克菲勒十分欣賞這句話。他和弗拉格勒多年來成功的合作，成了這種友誼的楷模。

降低成本的探索

古亞和加河支流的煉油廠，一天比一天大起來了。

這時，克里夫蘭的《領導者》刊登了一則消息：洛克菲勒的公司有一座大車庫，可容納八輛原油裝卸運輸車，另外還有兩座可存放六千桶油的貨倉。廠內有十座煉油爐，日產量可達到兩百七十五桶。

安德魯斯不斷改良煉油法，不過這種程式依舊是常壓蒸餾法的原始工作方式。首先把採來的原油在煉油的鍋爐內升溫到攝氏三百多度，再讓加熱管中的石油蒸氣進入蒸餾塔中冷凝成略帶黃色的藍色液體，然後把它注入大槽裡，用接近沸騰的熱水加熱，把蒸發出來的黃色氣體和亞硫酸氣混合，最後用活性碳酸鈉對混合氣體進行發光作業，這樣煤油便提煉出來了。

南北戰爭後解放了黑奴，促使美國北方發生產業革命。林肯遇刺後，蠟燭的銷量直線上升，美國所有的家庭都燃起了燭光，工廠和鐵路等企業卻大量求購潤滑油。

在生產廠家不斷擴大生產和更新設備的時候，油井到產油區新建的火車站之間也出現了由五公分粗的鐵管串接起來的線

路，這就是新成立的阿利根尼原油輸送公司的固定資產。這時管道運輸才剛發展起來。

以前壟斷原油運輸的馬車公司，還像他們在南北戰爭中四處破壞鐵路時一樣，雇來牛仔出身的搬運苦力於深更半夜之時挖斷油管，放火燒燬貯油槽，甚至發展到暗殺管道輸油公司的老闆。

可是在新生事物面前，舊勢力不論怎樣阻撓總是徒勞的，管道運輸就像來勢洶湧的海潮一樣，淹沒了過時的馬車。輸油管道遍佈全賓州原油生產基地，火車站、油井、油庫和河邊，密密麻麻地佈滿了蜘蛛網似的管道。

石油業的上游工業是勘探石油產地等工作，精煉和銷售則是下游工業；這稱呼來自於對阿勒格尼河和產油河上、下游工業的區別叫法。洛克菲勒的最終目的是控制下游工業，他對上游工業絲毫沒有興趣。

上游和下游間採用的交易方式，當時還十分原始。上游注滿了油槽後，他們就會通知下游的管道輸送公司，管道輸送公司接著便派人帶上測量工具和收據到上游。他們先把測量工具插進油槽測出油量，再填好收據，接著打開油槽閥門，等油槽放空後再把門關上。

因為測量的方法太簡單，賣油的上游工廠就把油槽底部的原油沉澱渣和蒸發部分各加了 3% 到銷售價中。

　　而此時，克里夫蘭已經有五十家煉油廠，位於紐約長島的也有八家。在波士頓、新哈芬、紐澤西、巴爾的摩等東岸工業城中，也不斷出現新的煉油廠，當然水牛城和伊利也是這樣。

　　在賓夕法尼亞州這個原料產地，同時包攬上下游工程的公司至少有三十家，它們都有自己的煉油廠。

　　在德瑞克還沒發現泰特斯維爾的油井之前，有位名叫多那的商人曾向液化煤油發起了攻擊。那時，他的工廠已經有工人兩百名，每週產精煉油一千八百桶，基本上控制了產油的工業。

　　多那並不是鼠目寸光之輩，他挑選精幹的專家當工作人員，還投資十二萬五千美元，在泰特斯維爾火車站附近建了一座具有防火能力的煉油廠。

　　除了多那，上游企業中此外也出現了一個集團，加入到煉油行業的競爭中。而且上游的集團力量非常強大，這些人幾乎全是一些從歐洲大學裡畢業的德國工程師。

　　他們在阿勒格尼河的近旁豎起了二十座煤油廠，因為他們的化學知識在當時很相當先進，他們的煉油廠每週能產煤油一千桶，附帶還生產石蠟、苯和用作染料的苯胺。

　　這些人很清楚自己的產品適合歐洲市場，他們的煤油廠也因此全部採用防火設計，分佈在占地二十五畝的一大片土地上。辦公室裡鋪著由歐洲進口的豪華地毯，佈置各種高貴典雅的裝飾與家具，把油膩泥濘的上游變成了歐洲的宮廷。

　　洛克菲勒兄弟公司在上游有工廠十六家，每週能出品九百桶精煉油。那時，鋪設煉油輸送管的技術還不是那麼簡單，可洛克菲勒兄弟採用特殊設計製成的的大功率設備，已經能把工廠裡的精煉油抽到附近的斷崖上，再利用落差使其能自動地順著管道流到阿勒格尼河邊。

　　賓夕法尼亞州的上游工廠，和紐約、波士頓、巴爾的摩等東岸城市中下游煉油企業勢不兩立。洛克菲勒儘管只在中間的克里夫蘭地區從事煉油事業，但他清楚遲早會與競爭對手爆發激戰的，因此他先走了一步——壟斷下游產業。

　　壟斷，意味著要打敗其他競爭對手。此時的環境對洛克菲勒實現目標非常有利，他決心破釜沉舟，使自己成為這場戰鬥的唯一倖存者。

　　弗拉格勒不滿足於只製造木桶這類小東西，他也覺得壟斷下游產業的時候到了：「約翰，如今石油這麼景氣，正是世界各地大量消費石油的時代呀！你難道不想擴大我們煉油廠的規模嗎？這和我們從前做小麥、鹽的生意一樣，興旺的時候人們會有大量的需求。如果我們被機器限制，生產速度跟不上需求的增加，那麼還談什麼控制世界市場呢？」

　　弗拉格勒想要點燃這場壟斷爭霸戰的導火線。

　　「控制世界市場實際上就是壟斷！」弗拉格勒果斷地說，而洛克菲勒默默地聆聽著。

當時美國有六大煉油中心，分別是內陸的油區、匹茲堡、克里夫蘭和沿海的紐約、費城、巴爾的摩。為了爭取控制權，各區的公司都使盡渾身解數以樹立自己的優勢。

洛克菲勒和弗拉格勒同樣挖空心思索如何提高自己的競爭能力。弗拉格勒對石油業的情況瞭如指掌：「公司要發展，就要不斷地開發新的煉油技術，可是在這方面，我們不是阿利根尼德國集團的對手；論資本實力，紐約和費城的實力都相當雄厚。」

「那我們的出路在哪裡？」洛克菲勒沉靜的目光直視弗拉格勒。

「運輸費用直接關係到成本的高低，我們不如在運費上動動腦筋。我想我們應該和鐵路簽訂合約，爭取在運費上打折扣，這可是一大筆費用啊！」

弗拉格勒用不容置疑的口氣說，洛克菲勒則興致勃勃地聽著。

「有的石油公司只在需要時才用鐵路，不需要時就不找它，使鐵路經常無生意可做。如果我們和鐵路簽約，約定每天固定運多少油，運量夠大，鐵路一定會在運費上打折扣。」弗拉格勒用力地拍了一下桌子，「和鐵路談判的事由我去做，我保證讓我們的公司得到好處。」

永遠樂觀的弗拉格勒目光炯炯地盯著洛克菲勒，唇上的鬍

鬍驕傲地翹著。

洛克菲勒完全贊同弗拉格勒的分析。他立即追問：「你想找誰去談判？是范德比爾特（Vanderbilt），還是古爾德（Gould）？」

范德比爾特是紐約中央鐵路的總裁，曾當過水手，開過酒館，後來得到紐約鐵路築路權，靠著拍賣政府免費提供的鐵路沿線的土地發了一筆橫財，成了名噪一時的鐵路大王。

古爾德是伊利鐵路的總裁，是南北戰爭期間倒賣皮革發財的暴發戶，後來用逐步買股票的方法收購伊利鐵路。他是個很有手段的人。

當時在克里夫蘭要運進原油和運出精煉油，要經過伊利鐵路、屬於紐約中央鐵路的湖濱鐵路，還有一條賓州鐵路；三家鐵路公司為爭取更多的運貨量，也在激烈地競爭。洛克菲勒要利用這種競爭，形成自己的優勢。

「我打算找范德比爾特。」弗拉格勒看來早已考慮成熟。

「那如果古爾德跳出來怎麼辦？」洛克菲勒追問說，他考慮問題總是更周全。

「如果你先畏懼對手，那麼只能把成功拱手讓給別人。」弗拉格勒的臉上是自信的微笑。

「好！那我就等著看你的成功！」喜歡冒險的洛克菲勒用手

握住了弗拉格勒的手。

讓人始料不及的是，此時范德比爾特也正在急於得到洛克菲勒公司的大運貨量。他怕那兩家鐵路公司走在前面，多次主動邀請洛克菲勒前去會面。洛克菲勒只是派人送去了名片，告訴鐵路大王，可以在什麼時間到自己的辦公室來。

一個二十九歲的年輕人竟然讓七十四歲的鐵路大王按照自己的指揮棒轉，這種絕不巴結和討好對方的做法，正是洛克菲勒一貫的作風。

范德比爾特派紐約中央鐵路副總裁迪貝爾以最快的速度來到洛克菲勒與弗拉格勒的辦公室。弗拉格勒站起來，握著迪貝爾的手：「將軍，近來生意如何？」

迪貝爾在南北戰爭期間當過將軍。「不怎麼景氣。您一定知道，幾條鐵路公司之間競爭很激烈。」

弗拉格勒露出神祕的笑容，低聲說：「如果我們每天給你六十節車廂的運量，你們的鐵路就會有生意做了。怎麼樣，有興趣跟我們合作嗎？」

這位將軍的眼睛瞬間亮了，「真的？」

當時鐵路運輸的貨運量很不穩定，但弱勢運這種貨物，鐵路公司就不用把不同貨物、不同地點的車廂混合編組，能縮短很多運輸時間，也節省了不少車廂。這種有利可圖的事何樂而不為？

其實，鐵路也得益於大企業的發展。大企業的規模經濟會使鐵路提高經濟效益。

「我們願意合作。」將軍回答得很乾脆。他們開始磋商具體細節。

弗拉格勒開始討價還價：「這種合作總要雙方受惠。我們對鐵路的要求就是運輸價格的優惠。」

「能提得具體一些嗎？」

「原油運費每桶三十五美分如何？」

「你是說每桶讓利淒美分？」

「是的。到東海岸的精煉油的運費，每桶就一點五美元吧？」

弗拉格勒還提出了十分誘人的條件：他們同意承擔發生火災和其他意外事故的法律責任，在夏天停止水路運輸。

「就這樣定了。」迪貝爾握住弗拉格勒的手，拿出軍人的果斷氣派。

他們只有口頭協議，沒有形成文字。這是洛克菲勒的主張，他怕以後因為這種協議而造成麻煩。

其實，這種與鐵路公司簽訂合約的做法並不是洛克菲勒的發明。

　　早在六年前，賓夕法尼亞鐵路公司就實行過多次，不僅限於石油，也有其他商品的貨運。洛克菲勒一直認為這種做法無可非議，他能得到運費優惠，是因為他有無可匹敵的經營規模——他擁有世界上最大的煉油企業，產量相當於克里夫蘭其他三大家煉油廠產量的總和。

　　事實是，這種做法有礙於真正的自由競爭，尤其小型煉油廠就只有破產的可能。鐵路運費的折扣使洛克菲勒和他的某些同行在所有鐵路線上暢行無阻，雖然煉油業裡許多競爭對手也享受過運費的折扣，但都沒有洛克菲勒得到的多。

　　直至一八八七年州際商業法生效，運費回扣才被定為非法行為，可是在一九〇三年一直沒有絕跡，而洛克菲勒已經撈到足夠的好處，大大降低了成本，獲取更豐厚的利潤。

　　洛克菲勒的石油生意像滾雪球一樣越滾越大，在克里夫蘭，他已經是萬眾矚目的企業家了。洛克菲勒念念不忘在這場交易中弗拉格勒的功勞。

　　洛克菲勒深有感觸地說：「堅強有力的同伴是事業成功的基石，他既可以把你的事業推向高峰，也可能導致集團分裂而使你元氣大傷，甚至傾家蕩產。」

　　這是洛克菲勒一生中得到最寶貴的經驗。

標準石油的兼併行動

一八六九年，石油業逐漸進入經營困難的地步。連續五年，精煉油的價格像沿著斜坡向下滾動的石塊一樣不斷下跌，煉油業同時受到衝擊而陷入困境。

由於原油價格和提煉後的精煉油價格相差無幾，煉油公司無法獲利，產量又往往超過市場需求，大公司尚可過關，小公司簡直叫苦連天，於是洛克菲勒開啟了「變競爭為合作」的運動。

他說：「要想讓這個難以控制的行業還能有利可圖、長遠發展，就必須立下規矩。」

那麼這個規矩是什麼呢？ 就是成立卡特爾（Cartel），透過組織限制過剩的生產力，穩定石油價格。但其實早在南北戰爭，採油商為了哄抬價格，就成立過「油商聯合會」限制生產。

想要建立規模經濟，需要大量的資金，用在諸如買下管理混亂卻還在持續煉油而造成生產過剩的工廠等地方，於是洛克菲勒和弗拉格勒商量，提出建立股份公司的想法。

「亨利，您認為我的設想可行嗎？」洛克菲勒問弗拉格勒。

「其實最近我也在想這件事。」弗拉格勒背著雙手踱來踱去，「我們有了股份公司，就能向一些業外投資的人銷售股票，既增加了資金，又不失去控制權。」

洛克菲勒很高興弗拉格勒和自己有一樣的想法，但一向謹

慎的他又發現了問題：「是啊！最近許多州都通過法律允許商家組建股份公司，可是這類公司不允許在註冊的州以外擁有財產，這種限制對我們很不利。」

弗拉格勒聳聳肩說：「那我們就在法律上鑽鑽空子吧，我看沒有過不去的橋。」弗拉格勒似乎永遠是樂觀和自信的。

一八七〇年一月十日，洛克菲勒創設的標準石油公司（The Standard Oil Company）成立，由洛克菲勒擔任總裁，威廉擔任副總裁，弗拉格勒擔任財務總監，公司設在克里夫蘭公共廣場附近的一幢四層樓房。

標準石油公司的註冊資產為一百萬美元，一個剛組建的公司就有這麼多的資產，在當時的美國來說可說是首屈一指。它控制著全美國百分之十的煉油業務，還擁有一家制桶廠，幾座倉庫、運輸設施和一組油罐車。有人說，標準石油公司的誕生是洛克菲勒在絕境中力挽狂瀾的傑作。

洛克菲勒自信地對克里夫蘭的一位商人說：「總有一天，所有的煉油和制桶業務都要歸標準石油公司。」

標準石油公司一成立，正好趕上歐洲爆發了普法戰爭，海上的運輸業癱瘓，賓州石油出口業也只好中斷。原油價格下降，精煉石油業也受到影響，洛克菲勒的財務困難重重。

也許是艱苦的創業造就洛克菲勒堅韌的性格，他在逆境面前從不沮喪，頭腦反而更清醒。他開始把整個石油業當作相互關

聯的體制，用高瞻遠矚的目光考慮它的發展策略和長遠規劃。

洛克菲勒和弗拉格勒還是共用一間辦公室，陳設很簡樸，只有一張黑皮沙發、四把黑色核桃木椅子、兩張桌子，還有一個冬季取暖用的壁爐。洛克菲勒不喜歡在形式上炫耀生意如何興隆。

洛克菲勒是公司最大的股東，在一萬股中占千六百六十七股；弗拉格勒、安德魯斯和威廉各持一千三百三十三股，其餘的占股人有以前公司裡的合夥人，還有外面的投資者。

他們用來吸引股民投資的辦法是：公司裡主要負責人不領取工資，只從公司股票升值和紅利增加部分提成，這樣能刺激大家拚命工作。

公司沒有像洛克菲勒預想的那樣出現門庭若市的場面，因為當時正處在金融界出現恐慌的時候，還有一些企業家對石油業的前景也沒有把握。

有人告訴洛克菲勒：「大湖區的船運卡特爾早就不行了，只剩下一個空名。恐怕您所做的一切也是徒勞無益吧？」

有一位年老資深的金融家告誡他：「先生，我以為您所做的這項實驗不是獲得巨大的成功，就是落得個一敗塗地！」

還有人認為，控股公司的成立簡直就是瘋狂的舉動！

但是充滿自信的洛克菲勒卻不曾動搖，他要用行動和事實

證明：這些懷疑論都是錯誤的！

在標準石油公司開始營業的第一年，他給公司股票分配百分之一百○五的紅利。他開始了征服克里夫蘭煉油商的艱苦的歷程。

面對著一片混亂的石油業，洛克菲勒的兼併不是從弱者下手，而是從強者下手。他說：「如果能首先打垮最強勁的競爭者，就會造成心理影響。」

他首先想到的是克拉克—佩恩公司。這是一家很有聲望的公司。奧列佛‧佩恩上校是一位政治家的兒子，待人態度冷漠，卻彬彬有禮，洛克菲勒認為他將是一位堅強能幹的盟友。

一八七一年十二月的一個晴朗的上午，洛克菲勒邀請他的中學同學佩恩見面。兩人熱烈地握手之後，共同回憶了中學時代的趣事，氣氛友好而輕鬆。

精明的佩恩忽然說：「老同學，我想您請我來，絕不僅僅是為了回憶往事吧？」

洛克菲勒望著佩恩，用誠懇的語調說：「最近這段時間，我一直為怎樣把石油業從混亂中拯救出來傷腦筋。這種混亂不能再繼續下去了！它將會把我們全都拖垮。」

洛克菲勒停頓下來，看看佩恩的反應。佩恩正全神貫注地聽著。

「我認為能夠透過股份公司集中大批資金，建立規模經濟，這樣也許能夠改變目前石油業的這種無序狀態。」他還強調：「這是一種能夠維護所有人利益的措施，只要有合理、理智和現代化的先進管理，一定會取得成功。」

接著，他介紹了標準石油公司的實力，告訴他，公司正準備增資。他直截了當地問：「要是我們能在數額和條件方面的認識達成一致的話，您是否打算入夥？」

「現在只能說，我有保留地贊同您的設想和分析。」他沉默片刻，又提出要求：「能讓我看看貴公司的帳簿嗎？」

「當然，這完全可以。您下午就到我的辦公室來吧！」洛克菲勒欣然同意。

佩恩在下午準時到達。他仔細地翻看著帳本，被標準石油公司豐厚的利潤震驚了，心想：「標準石油公司確實厲害！要跟資本這麼雄厚的公司競爭，分明是自討苦吃。」

他合上帳本，抬頭望著洛克菲勒，語氣果斷：「約翰，我同意入夥！請儘快找人評估一下我的工廠值多少錢。」

洛克菲勒站起身，鄭重地握著佩恩的手。即便對初戰迅速告捷感到高興，他表面上仍是平靜如水，完全是他一罐的作風。

佩恩和他的合夥人商量之後，同意以四十萬美元的價格出售他的煉油廠，然後持有標準石油公司的股票。

洛克菲勒想：價格是高了一點，但這顯然可以帶給其他煉油商啟發和壓力。再說，我的實力不是也增強了嗎？

「好吧！就這樣決定了，我同意你的條件。」洛克菲勒果斷地說，「我還要說明的是，我非常歡迎您的加盟，同時，克拉克先生，我也不反對你另謀高就。」

洛克菲勒對這位曾有過矛盾的合夥人還是耿耿於懷。不久，佩恩就進駐洛克菲勒的辦公室。

洛克菲勒又去找煉油商商談，用一種抑揚頓挫的傳教士口氣向對方講明利害，時而打著其他的煉油商合作的幌子。他與他們促膝交談，時而拍拍對方的膝蓋。

洛克菲勒用誠懇的語調說：「我們在克里夫蘭處在一個極不利的位置，而這個計畫正是為了保護我們自己。請好好想想吧，如果您感興趣，我們願意與您探討解決的辦法。」

洛克菲勒對某些弱小的同行說：「這是一個適者生存的天下，事實證明我們是適者，而我們其實完全可以等到那些運氣不好的兄弟垮台後再收拾殘局，但我們沒有。想避免即將臨頭的破產災難，就不要再繼續無謂的競爭了。」

「我們是來發揮你們的能力，幫助你們再展宏圖的。如果我們團結在一起，就會在合作的基礎上共度難關。」

洛克菲勒的話語會讓人覺得，只要投入標準石油公司的懷抱，前景便會誘人而美妙：「一旦持有標準石油公司的股票，你

們就會什麼都不缺。」

洛克菲勒以自信的語氣，嚴厲譴責那些與他作對的人，說他們鼠目寸光、愚不可及。一些喪失信心的煉油商在人人自危的形勢下，相繼把工廠賣給了洛克菲勒，不過對那些瀕臨破產的人來說，能用自己的工廠換來標準石油公司的股票確實是好事。

於此同時，卻有不少人在罵洛克菲勒，而這大概得歸咎於洛克菲勒給他們的錢太少了。但洛克菲勒有自己的理由：「要是一家煉油廠接不到單，它就連一艘船或鐵路都不如，因為這些東西還能用在其他方面。」

洛克菲勒還譏笑說某些工廠就是一堆垃圾，他買下後不是接著經營，而是把工廠關掉，以削減過剩的生產力。

洛克菲勒的目的是把競爭對手變成卡特爾的一員。傳說，每當他買下一間工廠，就會跑到辦公室裡對著安德魯斯喊：「我們又得了一個煉油廠，山姆，又到手了一個！」洛克菲勒顯然是屬於偷偷在背地裡高興的那種人。

洛克菲勒接管漢納—巴斯林頓公司曾經引起爭議。

馬克 · 漢納的叔叔羅伯特 · 漢納被請到標準石油公司的辦公室。他態度冷漠地對洛克菲勒說：「我絕不會賣掉我的公司。」口氣不容置疑。

洛克菲勒嘆了口氣，然後聳聳肩膀，攤開兩手，似乎是對這個不識時務的人表示惋惜：「你沒有實力和標準石油公司競爭，

公司在克里夫蘭將賺不到錢。你要是堅持，早晚要失敗。」

不死心的漢納找到鐵路公司，要求得到和洛克菲勒同樣的運費折扣，但鐵路方面卻說：「標準石油公司得到運費優惠是因為他是大貨主，您如果能提供同樣數量的石油，照樣會得到同等對待。」

這當然是漢納無法辦到的，他們最後只好賣掉一間煉油廠。有幾家實力比較強大的煉油公司試圖堅持，可事實證明，這不過是延遲被兼併的時間而已。

幾年過去了，洛克菲勒買下了克里夫蘭二十二家煉油廠，但這裡也不過二十六家。有人因此把憤怒傾瀉在他的身上，只是按照市場規律，虧本的小型市場本就遲早要關門，洛克菲勒不過是加快這個過程。

少部分煉油商最終保持獨立，不過洛克菲勒要求他們接受統一安排的最大產量，標準石油公司將保證他們得到應得的利潤。

在沒有任何規章可循的經濟環境中，企業家和商人只能硬著頭皮走下去，並在行動的同時制定遊戲規則。洛克菲勒和他同時代的人一樣，想要在不穩定的環境中建立龐大、持久的工業，也就不得不和其他巨頭一起，用新的壟斷資本主義取代自由競爭的資本主義。

這種商業行為在當時曾引起很大爭議，經濟學家也是見仁

見智，而洛克菲勒自有他的看法。他說：「我們是被迫這麼做的。這樣的舉動開啟經濟管理體系的先河，改變全世界的經營方式，時機已經成熟，這一天必然會到來——儘管我們當時只是試圖在殘垣斷壁中搶救自己而已。」

他還試圖從理論上探索如何維護壟斷。他說：「這是合作的新觀念與競爭的舊概念之間的戰鬥。各自為政的傳統已經過時，而且一去不復返。」

當時，聯營和集團制度在製鹽、製繩和威士忌酒等行業中也十分盛行。洛克菲勒的卡特爾只是這眾多組織中的一個而已。

就這樣，洛克菲勒實際上成為一個龐大石油卡特爾的主管。這種卡特爾像一個安全島，固定行業的規模，讓業務拓展和革新都能順利進行。

這個石油王國裡共有三十四家大小企業，其煉油能力高達全美國的四分之一，洛克菲勒也因此成為當地首富，買下一個叫做森林山、占地七百畝的鄉村莊園，預計修建成舒適的夏季別墅。

洛克菲勒是個特別專注於事業的人，「缺乏幽默感和安全感」是他一生的特徵。他說：「每天晚上我一定要先提醒自己，我的成功也許只是暫時性的，然後才躺下來睡覺。」

他手上已有數百萬美元可以任意支配，但他仍然擔心會失去一切財富，也難怪憂慮會拖垮他的身體。他沒有時間遊玩或娛

樂，從未上過戲院，從沒玩過紙牌，從來不參加宴會。

誠如馬克 · 漢納所說：「他在別的事務上很正常，獨獨為金錢而瘋狂。」

有一次，洛克菲勒在俄亥俄州向一位鄰居承認：「希望有人愛我。」但是他過分冷漠多疑，很少有人喜歡他。

摩根（John Pierpoint Morgan）有一次大放怨言，聲稱不願和他打交道。「我不喜歡那種人。」他不屑地說，「我不願和他有任何往來。」

洛克菲勒的職員和同事對他敬畏有加，可好笑的是，他竟然也怕他們——怕他們在辦公室之外亂講話「洩露了祕密」。他對人類天性沒有絲毫信心。

有一次，當他和一位獨立製造商簽訂十年合約時，他要那位商人保證不告訴任何人，甚至他的妻子也不行。

「閉緊你的嘴巴，努力工作。」這就是他的座右銘。

接著，就在事業達到頂峰之時——財富像維蘇威火山的金黃色岩漿那般，源源不絕地流入他的保險庫中——洛克菲勒的私人世界卻崩潰了。

許多書籍和文章公開譴責「標準石油公司」那種不擇手段致富的財閥行為和鐵路公司之間的祕密回扣，無情地壓倒所有競爭者，而洛克菲勒也才發現他自己也是個凡人，無法忍受人們對

他的仇視，也受不了憂慮的侵蝕。他的身體開始不行了，這個新敵人——疾病——從內部向他發動攻擊，令他措手不及，疑惑不安。

起初，他試圖對自己偶爾的不適保持祕密，但失眠、消化不良、掉頭髮、煩惱和精神崩潰的肉體表現難以隱瞞。最後，他的醫生們告訴他，他只有兩種選擇：或是財富和煩惱，或是性命。

他們警告他：他必須在退休和死亡之間作一抉擇。

鐵路聯盟的無情壟斷

一八七一年十一月，洛克菲勒在紐約的尼古拉斯飯店下榻。一天深夜，門外響起一陣敲門聲。

「誰啊？」被吵醒的洛克菲勒不耐煩地問道。

「是我，哥哥。」原來是弟弟威廉。

「這麼晚了，有事嗎？」洛克菲勒問道。

「湖濱鐵路董事長華森現在在大廳等你。」威廉回答道。

洛克菲勒心想：要請華森進來，一定要先叫醒隔壁的弗拉格勒。可是還沒等他動作，就見弗拉格勒披了件外套走進來。

洛克菲勒告訴弗拉格勒：「華森來了！」

但是弗拉格勒一點也不吃驚，還問：「斯科特（Thomas Alexander Scott）也來了嗎？」

「沒有，只有他一個人。」

「這麼說，華森是以斯科特的代理人身分來訪的。」弗拉格勒得出結論。

弗拉格勒對南北戰爭之後爆發的匹茲堡周圍煤礦爭奪事件瞭如指掌，他馬上向洛克菲勒解釋道：「在斯科特還是陸軍助理次長時，他們曾藉著運送賓夕法尼亞州的煤和軍隊補給品有過很大的收穫，但戰爭結束後，由於煤礦過度開採，煤的積壓很大，行情暴跌，引發非常激烈的運費競爭……」

此時，洛克菲勒的眼睛深處浮現出堅毅的意志，在燈光下清楚地看到他的決心：一定不能讓石油界受制於鐵路界！

洛克菲勒對威廉說：「讓華森進來吧。」

華森穿著一件紅背心和筆挺的大禮服，由威廉陪同走進洛克菲勒的房間。弗拉格勒坐在洛克菲勒的身邊。

華森說：「非常抱歉打擾了先生。我帶來了范德比爾特先生和斯科特先生的重要建議，他希望我們雙方攜手合作。」

「請您先說說看吧。」洛克菲勒不動聲色地說。

華森直接進入正題：「斯科特先生提議，運輸石油的所有鐵路公司與特定的石油業者進行聯盟，加入同盟的煉油商可以享受

可觀的折扣，而規模小的煉油商不能加入，並對他們將大幅度提高運費。」說完重點後，華森便緘默不語。

「哥哥，我覺得這個主意不錯，你覺得呢？」威廉完全贊同華森的提議，弗拉格勒的眼神中也流露出讚許的意思。

對洛克菲勒來說，這無疑是夢寐以求的機遇，但是他掩飾住內心的喜悅，只以淡淡的口氣說：「先生，我們將認真考慮斯科特與范德比爾特先生的建議。」

威廉把華森先生送出了飯店。

「我們等著你們的答覆，越快越好。」

送走弟弟和華森後，洛克菲勒向弗拉格勒說明了自己的意思：「雖然華森的建議很不錯，可是我們一定不能讓鐵路掌握控制權，否則他們就可以擅自提高運費。」

卡特爾是壟斷組織的最初形式，它是在各企業簽訂的協定下，各企業互相平行的結構體。有心之士預料到壟斷的產生並有所動作，如各州議會通過的州法規定，美國各州不得設立控股公司，可是狡猾的斯科特到處活動，對賓夕法尼亞州議會施加壓力。

斯科特對於那些一貫接受賄賂、經常仰仗各種政治性捐獻的地方政客具有相當大的吸引力，經過四處奔忙，斯科特最後在賓州設立控股公司。

　　斯科特另外擁有一家撒克遜證券投資公司。他以此為跳板，在操縱股票的同時就有控制南方各鐵路的想法，另外，由於南北戰爭時期軍火調度的淵源，他與法國投機公司也有很深的關係。

　　就在斯科特以折扣運費為誘惑，與顧爾德的伊利鐵路聯合自己的賓夕法尼亞鐵路拉攏長島的煉油廠的時候，巴爾的摩、俄亥俄鐵路和英國出資的亞特蘭大鐵路也聞風而動，以同樣的條件競爭。最後，所有深入石油原產地的鐵路都加入運費折扣大戰，情況對斯科特來說日趨嚴重。

　　同盟很快就建立起來，它是「企業統一聯合體」這種特殊壟斷形式的開端。母公司是一個控股公司，在兩千股的股份中，洛克菲勒一方佔有九百股，具有絕對優勢，同時掌握控制大權。他列出了加入同盟的十二家煉油廠的名單，這就是所謂的改造南方公司。

　　斯科特在事先做了妥善的安排。他與范德比爾特及古爾德等鐵路締結了一個祕密協定，確保斯科特的鐵路公司有百分之四十五的運輸比率，而紐約中央鐵路，包括湖濱鐵路與伊利鐵路的運輸比率限制為千分之兩百七十五。

　　洛克菲勒提出一份列入控股公司的公司名單，問弗拉格勒說：「到底應該吸收哪些石油企業加入控股公司呢？」

　　弗拉格勒對此也很頭疼，說：「怎樣選出適當的公司，實在

是一門學問。那些未被列入名單的企業成為運輸戰中的失敗者，將面臨滅亡的危險，但要是他們過於強大，就可能聯合起來組成另外的卡特爾，這又是個大問題。」

經過謹慎小心的商議，最後洛克菲勒列出十二家公司的名單，全是市占率比較大的公司。參加者相互交換備忘錄，起誓保守祕密、信守合約，成立美國工業史上最殘酷的「死亡協定」。

改造南方公司與鐵路大聯盟之間也簽訂運費祕密協定，沒有在聯盟內的中小型煉油企業的運費是公定價格的兩倍，之後會因此被淘汰。

普法戰爭結束後一年，鐵路大聯盟的祕密被揭穿了。

「鐵路公司想搞垮石油原產地嗎？」人們議論紛紛，當地報紙也載文揭露，分別以「小偷」、「騙子」等標題寫出系列報導，一時間石油原產地的人們譁然。

在泰特斯維爾的歌劇院聚集了三千多人，其中有採油者、當地煉油者及石油掮客，甚至包括城市的銀行家和零售業者。他們聚集起來商量對策，共同面對的是一場死亡與生存的戰爭！經過協商，他們擬訂了抗議書並分別寄給各鐵路董事長。

收購戰中的得力助手

石油生產的地區原本是農田或曠野荒山，現在成了油井。似乎每家院子都是金子的源泉。農民與木材商染上暴發戶的惡

習，逐漸走向奢侈，直至被洛克菲勒吞併才改變這種惡習。

　　一個最簡單的例子就是，他們不願意親自寫最簡單的問候信，寧願花費驚人的價錢來發電報。

　　經過千辛萬苦開發出來的油井，本應保持十桶的日產量，但他們為了追求更多的利潤，放棄這些低產的油井並另尋新井，同時宣稱「生產效率太差」的油井應該被拋棄。

　　這些人完全不顧邊際效益，極盡浪費之能事，如此一來，產油河地區的木材商或農民與投機商人沒有太大的差別。他們恨不得土地或設備能立即給他們帶來百分之百的利潤，連開採出來的原油也堅持以現金來交易，充分反映這些農民的愚昧、焦躁和不安。

　　石油市場行情的暴跌讓生產者很快就意識到生產過剩的嚴重性，他們決定在半年內不再開採新油井，如果半年後還不能解決生產過剩，就再封鎖一個月。

　　與此同時，原先向歐洲輸出原油途徑行不通了，因為煤液化油在歐洲市場上市，其價格低廉而且性能良好，排擠原先產出的原油。

　　面對這個現象，洛克菲勒作出了令人費解的決定：以每桶四點七五美元的超高價向原產地者同盟收購原油，並派出大批捐客。這些人的皮包裡塞滿現金，洛克菲勒要求他們「買現貨」。捐客對那些生產者說：「標準石油公司每天將以現金收購一萬

五千桶原油，快和標準石油公司簽約吧！」

許多聞風而動的「夜貓」因而紛紛出現，將「自我約束」拋到腦後；儘管同盟方面發現情況不妙拚命勸阻，但因為誘餌實在太迷人了，原產地業者對這些警告充耳不聞。

原產地者看也不看就簽下合約，並因此採新油井，但合約中並未提到標準石油公司會保證永遠保持四點七五美元的價格，於是當標準石油公司保證每天購進一萬五千桶原油，並已購進了二十萬桶後，公司突然宣布中止合約。維持了兩星期的搶賣熱潮宣告結束，原產地的好景消失了。

原產地業者紛紛要求作出說明，標準石油公司則答覆：「供過於求的狀況已打破歷史最高紀錄，這是你們的責任，而且因為你們大量到處拋售原油，導致石油價格大跌。現在我們可以出價每桶二點五美元，等到下個星期，我們不會接受每桶高於兩美元的價格。」

「到處大量拋售」這句話好像在暗示「只要賣給我標準石油公司，價格就不會下跌！」

事實上，原產地方在洛克菲勒提出每桶四點七五美元的價格後，各家瘋狂開採，等發現上當後，日產量已高達五千桶。他們別無他法，只能解約，隨後相繼破產，正中洛克菲勒下懷。

由於供需變化的狀況無法確定，石油行情的變化不定，商人無法預測市場的價格變化，洛克菲勒此招一出，直接瓦解生產

者同盟的防線。

洛克菲勒的標準石油公司是紐約中央鐵路最大的客戶，與其他小型的石油公司相比，它每天的輸送量高達六十多輛，沒有一個月的貨運量低於十八萬桶。即使必須付出較高的折扣，鐵路公司還是沒有遭受損失。

洛克菲勒在兼併公司的過程中，最大的收穫是獲得大量優秀人才。對洛克菲勒來說，他們都是無價之寶。他們八仙過海，各顯神通，為打造洛克菲勒的石油王國立下赫赫戰功。

洛克菲勒在收購查文斯・普拉特公司的時候，該公司的亨利・羅傑斯來到他的麾下。羅傑斯曾是堅定的洛克菲勒反對派，他領導紐約的煉油商組成聯絡委員會，堅決反對洛克菲勒組建的南方開發公司，後來卻心甘情願地投奔洛克菲勒。

羅傑斯是一位有上進心和活力的人，也是一位管理的全能型人物。他是標準石油公司的重要領導成員之一，曾先後負責過標準石油公司的原油採購、管理運輸和製造部門，他還為一種從原油中分離輕油的技術申請專利，不過後來與洛克菲勒發生衝突。

阿奇博爾德 (John Dustin Archbold) 比洛克菲勒小九歲，個頭不高，長著一張娃娃臉，是一位浸禮會牧師的兒子。十幾歲時，因為父親拋棄了家庭，他一個人來到泰特斯維爾加入煉油業的行列。他以八百美元起家，逐步達到每個月生產兩萬五千桶的

規模。

阿奇博爾德頭腦靈活、思維敏捷，說話時聲如洪鐘，曾經是洛克菲勒最激烈的反對者，但極少欣賞什麼人的洛克菲勒卻難得地非常喜歡這個年輕人，千方百計把他挖過來。

當鐵路大聯盟的祕密揭穿後，煉油商聯合起來進行抗議活動，其中最引人注目的就是阿奇博爾德。在他的倡議下，生產者聯盟因此成立，而他同時提出「大封鎖」政策，即原產地拒絕向同盟的成員提供原油。他還印出三萬份傳單，分別送往華盛頓聯邦議會、賓州議會及法院。

令人印象深刻的是，阿奇博爾德每次在飯店投宿時，都會在旅客登記簿上留下他獨特的簽名：「阿奇博爾德，每桶四美元。」

每桶四美元是原油生產者聯盟提出的價格，阿奇博爾德用這種方法為生產者聯盟做宣傳，他本人的名氣也直線上升。他在劇院發表措詞激烈的演說，讓聽眾群情激憤。

他還鼓動示威群眾和報社記者，並向議會呼籲：取消改造南方公司。報紙上連篇累牘地以醒目標題報導石油大戰，刊登討伐文章。

面對強大的反對力量，洛克菲勒有些招架不了。大同盟的始作俑者斯科特首先退縮，緊接著政府官員和社會名流也公開發言，賓夕法尼亞州的立法機構終於通過撤銷改造南方公司的法

案。

阿奇博爾德和他的生產者聯盟取得了最終的勝利。

然而，受到沉重打擊的洛克菲勒並沒有放棄。他用合法收購的辦法買下克里夫蘭二十二家煉油廠，還成功地拉攏石油客商，打破石油產地的大封鎖，產油商們爭著把原油賣給洛克菲勒。

洛克菲勒也因此感覺到阿奇博爾德的潛力，請華森到他下榻的飯店裡去拜見。

「聽說您的簽名很有趣。」華森試探著問阿奇博爾德。

阿奇博爾德並不領情，他慷慨陳詞：「每桶四美元，這是我們原油產地生存的唯一要求。停止你們的祕密協定並承認這個價錢，否則我們走著瞧！」

「我這裡有個建議。你願意加入改造南方公司嗎？這樣你既可享受優厚的股份，又能得到運費的折扣。」華森亮出底牌。

阿奇博爾德勃然大怒，拍案而起：「我不會接受你們的誘惑。你們還想把產油區的人逼到什麼地步才能停止？送客！」

當二十六歲的阿奇博爾德再次出現在紐約的一家豪華飯店時，他不得不承認自己最終還是敗在洛克菲勒手下。他對於原油產地的混亂不堪、產油商們的急功近利與沒有頭腦感到萬分沮喪。

　　洛克菲勒在一個房間裡會見阿奇博爾德。他滿面笑容地握住阿奇博爾德的手，把他請到沙發上坐下，並替他倒了一杯香檳。洛克菲勒誠懇地說：「我一向認為您是最精明、最能幹的年輕人，我很欽佩您的能力。」

　　當他們談到未來石油業發展的前景，洛克菲勒的宏圖大略和魄力讓阿奇博爾德深深地折服，阿奇博爾德的一些新見地也讓洛克菲勒大力讚賞。他們談得很投機，最後熱情地擁抱在一起，愉快地共進晚餐。

　　「是不是反對過我並不重要，重要的是這是難得的人才。」洛克菲勒對弗拉格勒說。

　　這樣的膽識和胸懷正是洛克菲勒高人一等的地方。在他的一生中，不少反對過他的人最終都成為他們堅定的盟友。

　　一八七四年秋季，一個名叫艾克美（ACME）的石油公司在泰特斯維爾成立，它的董事長是阿奇博爾德。因為他是生產者聯盟的領袖，同行們都前去祝賀，開業典禮異常隆重。

　　阿奇博爾德穿著筆挺的西裝，興高采烈地與同行們碰著酒杯，心安理得地聽著喜慶的祝詞。沒有人懷疑他有什麼特殊的背景。

　　阿奇博爾德開始拚命收購煉油業的股票，也許是因為收購得太多、太猛了，漸漸地引起人們的懷疑：「他是不是洛克菲勒的代理人？」「他是不是想吃掉原產地的小煉油商？」

也有人問他：「阿奇博爾德，您怎麼會有那麼雄厚的資金啊？」

阿奇博爾德輕鬆地笑著說：「我向紐約一家銀行貸了款。」

「也許是石油公司給的錢吧？」有人譏諷他。

阿奇博爾德卻不加理會：「對不起，我很忙。我們先不談這個話題吧。」

石油原產地的人對洛克菲勒防備有加，甚至充滿仇恨，他如果親自出面收購，成功的希望幾乎等於零，但是如果阿奇博爾德出面做標準石油公司的代理人，那就再好不過了──因為在石油原產地，阿奇博爾德一向是威望很高、備受喜歡的人物。

阿奇博爾德選擇一個適當的機會，在家裡準備豐盛的酒宴，把泰特斯維爾的煉油商請到家裡。他們都是年輕人，不停地舉杯，大聲地說著俏皮話和引人發笑的故事，氣氛非常熱烈。

等到酒酣耳熱之際，阿奇博爾德站起來，用銳利的目光掃視著全場，以誠懇的態度說：「各位，我們一直都是同甘苦共患難，今天既然我看清了一件事，就有義務提醒大家：今後要在產油區獨立經營只會越來越困難，有的公司不是已經倒閉破產了嗎？與其等待破產，不如把我們的工廠換成有發展前途的大公司股票。」

熱烈的氣氛一下子變得鴉雀無聲，笑容凝固在煉油商的臉上。

「現在，最有發展前途的公司是石油公司，它的實力無可比擬。擁有它的股票就是擁有財富和穩定，我們何樂而不為呢？加入石油公司後，你們仍會保留原來的職務。」

阿奇博爾德這位原生產者聯盟的領袖，終於撩開神祕的面紗，露出自己的真面目。

煉油商們面面相覷，接著就像亂了營似的，相互間探討出路問題。他們漸漸明白，阿奇博爾德手中收購的股票足以左右他們之中的任何人，無論是心服還是被迫，他們的出路只有加入標準石油公司這一條。

這些人帶著疑惑、恐懼與怨恨按照阿奇博爾德的指示動作，儘管有幾家仍然試圖保持獨立，但最終仍宣告破產。

在短短幾個月的時間裡，阿奇博爾德就買下或租賃了二十七家煉油廠，而在餘下來的三、四年，他又把剩下的獨立煉油廠收到了標準石油公司的魔下。

洛克菲勒終於擁有了產油區的全部煉油廠，而在這場收購大戰中，功臣是阿奇博爾德。阿奇博爾德很快晉升為標準石油公司的副董事長，成為洛克菲勒最得力、最信任的助手，而且洛克菲勒退休後，他便出任了第二任董事長。

實行多種經營

> 我的一般規則是，在公司全體管理人員確信
> 是英明的辦法之前，不採取重要的行動。
>
> ——洛克菲勒

遭遇倒戈之戰

薩拉托加（Saratoga）位於紐約平原上，獨立戰爭時期曾經發生過激烈的鬥爭，稱為「薩拉托加戰役」。當時是由英國殖民統治，法國軍隊聯合印第安人入侵，屠殺大量的移民。

「薩拉托加」在印第安語中的意思是「毛皮寶庫」，盛產毛皮，周圍的沼澤區現已被開發成為旅遊療養中心，是一個幽靜的場所。這裡有含有碳及鎂等各種微量元素的礦泉水，建有許多豪

華的飯店、賽馬場、馬房等設施。

　　由於壟斷在紐約市而惡名昭彰的塔瑪尼 · 荷雨派政客都聚集在此，黑手黨教父集團也把它作為祕密會談場所以避開新聞記者的騷擾，所以這裡對洛克菲勒來說同樣是個絕妙的舞台。

　　洛克菲勒來到這裡，策劃一場現代的石油戰。他把紐約、費城、匹茲堡的主要石油大亨都邀請到他的別墅進行祕談。他的目標是統一紐約及東部地區的煉油業。

　　在會議上，弗拉格勒說出了他們的計劃：「現在，全國剩下的煉油廠，波士頓有三家，紐約有十五家，費城有十二家，匹茲堡有二十二家。我們不打算放棄企業統一聯合體，想根據國內外需要繼續發展、調節石油的供需，並非蓄意惡性競爭……」

　　在弗拉格勒進行完開場白後，洛克菲勒用堅定的聲音說：「三年前，我控制了克里夫蘭的煉油業，現在誰也不能在那裡撈到好處，這就是聯合體的優勢。紐約中央鐵路和伊利鐵路的貨物轉運權同樣在我的手裡。」

　　洛克菲勒沒有撒謊。紐約中央鐵路輸出的石油中有一半是由伊利鐵路轉運，使得兩大公司競爭激烈。與此同時，因為他控制這兩條主要鐵路的貨物轉運，對其他從東部出貨的公司出貨數量也十分清楚。當然，洛克菲勒對競爭公司的運費也瞭如指掌。

　　洛克菲勒的一番話引起在座人的議論。洛克菲勒接著說：「據我所知，現在各鐵路公司已經開始共商對策，準備制定一個

新的公開運輸協定，這項新協定將不再給予折扣。如果我們能團結一致，鐵路公司就不敢輕視我們，就有希望獲取折扣！當煉油業合併以後，就能成為所有運輸業的核心，不但可以控制全國的石油價格，避免毀滅性的價格大戰，還可以支配鐵路！」

在費城擁有大量煉油廠的石油巨子洛克哈特動心了，他對另一個石油商瓦登說：「我認為洛克菲勒先生說得很有道理。」

洛克哈特鄭重而充滿自信地承諾：「這樣吧，費城一帶和匹茲堡的煉油商由我負責說服。」

雙方約定的辦法是：洛克哈特的股票可以和標準公司的股票交換，這種交換絕對保密，對外界仍用洛克哈特的名義，以此免受輿論對壟斷的批評。若讓輿論界知曉，合併的計劃可能生出許多麻煩。

很快，費城的沃登和其他一些主要的煉油商都被說服了，這使得一度受挫的改造南方公司重新煥發生機。而此時的石油界已經完全落入洛克菲勒的手中。

洛克菲勒贏得了費城地區最大的煉油廠，還有匹茲堡為數一半的煉油廠。在紐約，他們收購了生產盒裝煤油的德沃製造公司和長島公司，兼併了查爾斯・普拉特公司。

正當洛克菲勒一帆風順地實現自己的理想時，突然傳來了壞消息：原來的同盟者，賓州鐵路公司的董事長斯科特倒戈了。

斯科特擅長策略，素有「頭腦冷靜的沉默男子」之稱，是

洛克菲勒生平遇到的最強勁的對手之一。他是一個野心勃勃的人物，曾提出組織改造南方公司的計劃，主動找洛克菲勒建立鐵路同石油巨商的同盟。

斯科特在得知洛克菲勒在薩拉托加舉行的祕密會議後，他決心倒戈，於是設立賓州鐵路公司的空頭公司——「帝國運輸公司」，結社連結原油產地和匹茲堡之間的油管。他之所以這樣做，是因為他擔心洛克菲勒在操縱了克里夫蘭的石油後，會把壟斷延伸到東部各重要行業。

斯科特還迅速建造出五千噸的運油船，組成五大湖區的石油運輸船隊，並在紐澤西建造倉庫及貯油槽，準備把這個與哈德遜河和紐約相對的地方作為轉運站。總之，他想壟斷東部的石油運輸，擊敗洛克菲勒對石油業的操縱和壟斷。

這無疑是公開挑戰洛克菲勒。洛克菲勒承擔了伊利鐵路和紐約中央鐵路公司存亡的責任，而這也是標準石油公司的關鍵之戰。

為了取得勝利，洛克菲勒找弗拉格勒商量：「今年我們必須減少標準石油公司股東的分紅，用這些錢改善和更新煉油設備。」

弗拉格勒考慮得更加具體：「我們還要增加投資，從歐洲引進先進的生產技術，防止蒸餾過程中漏油現象的發生。」

這樣一來，不但降低生產精煉油的成本，還提高了品質和

產量，再加上鐵路運費提高折扣率，確保洛克菲勒的精煉油能以更低的價格向斯科特的勢力範圍——匹茲堡大力傾銷。

同時，洛克菲勒使伊利鐵路和紐約中央鐵路公司提高折扣率，使得洛克菲勒的形勢更加有利。

洛克菲勒把斯科特的勢力範圍市場匹茲堡當作目標，展開了傾銷戰，導致斯科特每月赤字高達百萬美元以上，但是一向狂妄的斯科特還沒有罷休的念頭，依然咬著牙繼續與洛克菲勒鬥法。

斯科特為降低油的成本，解僱了許多工人，還把工人工資削減了五分之一。在戰爭進入第三年的夏天，忍無可忍的工人爆發大規模的罷工，還引發了流血事件，匹茲堡就有二十五人喪生。

斯科特被這場罷工徹底摧垮了。受到重創的他趕到洛克菲勒公司要求休戰和解。

斯科特緊皺眉頭，一臉沮喪地坐在洛克菲勒對面。

「如果您能夠答應我的條件，我願意考慮和解。」洛克菲勒面無表情地說。

「您有什麼條件，請講。」斯科特急切地問。

「我準備用三百四十萬美元買下您的空頭公司——帝國運輸公司。」洛克菲勒在語氣中流露出對帝國運輸公司的輕蔑。

斯科特驚得目瞪口呆：這區區三百四十萬美元與他在拉鋸戰中的巨大損失相比，簡直是微不足道！他不得不做一次垂死掙扎：「洛克菲勒先生，考慮到我的實際消耗，我真誠地希望能再增加一百萬美元。」

洛克菲勒面無表情地擺擺手，不再開口。

斯科特只好按照洛克菲勒的意見，簽訂了協議。

經過這場戰爭，倒戈的賓州鐵路公司落到洛克菲勒的支配之下，匹茲堡的煉油業被洛克菲勒掌握在手中，更重要的是，他接收了斯科特在紐澤西建造的大型貯油槽。從此以後，洛克菲勒就把紐澤西作為進出口的前哨站，開展他的世界型企業活動。

一八七七年，費城、匹茲堡的煉油廠也都歸到標準石油公司的名下，只有紐約還有零星獨立經營的煉油廠。洛克菲勒把它們作為自由競爭的點綴，留下來才能避免人們指責他壟斷石油業。

在一八七八年，標準石油公司發放的紅利讓人驚羨——每股六十美元，股票面值是一百美元。洛克菲勒已經控制了石油業，無論原油生產不足還是生產過剩，他都能獲取利潤。至一八八○年，標準石油公司提煉的石油，已占全美國石油生產的百分之九十。

與賓州鐵路總裁斯科特一戰取得勝利後，洛克菲勒沒有將其徹底打到，而是盡可能地和解，加強雙方的聯盟以擴張自己的

勢力。商戰後兩人簽訂了新的聯營計劃：標準石油公司每年要賓州鐵路運輸兩百萬桶石油，好讓對方有足夠的貨運量作為回報。標準石油公司可以從中提取百分之十的傭金，還要充當各鐵路公司制定的總體規劃的執行人，替各鐵路公司分配石油運輸的份額。

　　洛克菲勒就像一位高明的馴獸師，得心應手地把大鐵路公司駕馭在手中。

油管之戰的勝利

　　洛克菲勒和斯科特的戰爭結束後，產油河地區的反抗依然沒有停止。這些「原產地生產同盟」想出一個計劃：在原產地和五大湖間架設油管，藉此將石油輸送到伊利湖，經油船運到紐約。

　　洛克菲勒在原產地收買許多人作為商業間諜，一旦這些間諜被原產地業者聯盟發現，標準石油公司願意負責他們的生活費用。阿奇博爾德在石油原產地臥底，負責把間諜們提供的零散情報進行加工、分析、過濾，提供給洛克菲勒。

　　赫普特有著典型技師的性格，沉默不語卻非常大膽、能幹。他獨自一人來到賓州北部尚未開發的山區，默默地進行勘察工作。為了不讓洛克菲勒發現，他尋找的土地大都是樵夫砍伐的偏僻森林，在訂約時還特意打上暗號。

在這些土地交易中，最麻煩的一樁是購買位於威廉斯波特北邊某郡的土地，假如冒失簽約，馬上就有外泄機密的可能。經過調查，赫普特發現兩座農場之間的小河河底是一塊沒有主人的土地，儘管兩側堤岸外的土地歸農場所有，但這寬達六公尺的河底不屬於任何人，便想偷偷地想讓州政府買下這些土地。

鋪設油管的工作在買下土地後開始了。雖然有受到洛克菲勒干擾的危險，但是赫普特什麼都不怕。赫普特是鋪設工作的行家，即便碰到使人嚇破膽的驚險場面，他也能使事情順利完成。

有一次，在架設賓州鐵路沿線的油管時，油管計劃經過鐵路下方的排水溝，即便工人們連夜趕工，搬運工作也沒有完成。天亮了，第一班列車通過時不慎鉤倒油管，工程因而遭到破壞，幸而鐵路兩旁還沒有被注意，祕密鋪設的工作才得以繼續進行。

那時使用的鐵管直徑十五公分，遠比現在動輒一公尺以上的鐵管小，卻是當時的最高等級。儘管賓州鐵路有可能拒絕運送這些工程材料，不過制訂計劃後五年，架設油管工作仍然大功告成。這個工程被稱為「泰特華德油管」。

見赫普特有這樣非凡的才能，沉默了一段時間的東部石油原產地聯盟看上了赫普特。一位叫賓森的投資家，請赫普特架設連接原產地和東部的油管。

賓森是個爭強好鬥、智勇雙全的人，他曾擔任過紐約州的州長。雖然他與洛克菲勒並沒有很大的過節，但是他對強大的對

手非常感興趣，喜歡在爭鬥中尋找人生樂趣。他一心想與洛克菲勒一決高低，替那些被洛克菲勒擊敗的同行出一口氣。

賓森已經制訂好計劃：在原產地的阿勒格尼河到東部的巴爾的摩之間架設油管。然後他向州議會進行申請，購買土地，這些工作都在祕密進行中。

架設油管工程需耗資六十二萬五千美元，由赫普特親自主持工程建設，規模宏大，引人注目，洛克菲勒似乎一點也不清楚。其實洛克菲勒不是疏忽了，而是雖然獲得了情報，卻作出錯誤的判斷，遲遲沒有動手。

儘管原產地在地平線上鋪了輸油管，但最長也不過四十八公里，顯然賓森的計劃因為目標太大而流產了。

赫普特重新勘察地形，決定將油管架設到離布拉福郡南方約一百七十四公里的威廉斯波特。流經油管的原油，如果先到威廉斯波特再轉運到各地，那麼從原產地布拉福郡的新油田到巴爾摩的，運費不會超過三十美分，即便去紐約也不過六十美分而已。

一八七九年五月二十八日，世界第一個長距離輸油管開始啟用。在開啟油管後的第七天，原油終於成功抵達威廉斯波特的貯油槽。

洛克菲勒聽到油管順利到達威廉斯波特的消息，大為震驚。他擔心一旦鐵路運費戰爭再次打響，鐵路公司的末日會跟著

到來，而自己的壟斷夢想也會受到致命的打擊。

正當洛克菲勒、弗拉格勒和威廉失去信心時，賓森前往歐洲的消息又接連而來。賓森從歐洲回來，立即趕赴紐約，據說他要獲得美國第一國際銀行的兩百萬美元的貸款。

賓森貸款成功後，有人趕到第一國際銀行職員辦公室告密：「泰特華德公司有人暗中貪汙款項，貸款給他們恐怕有倒債的危險。」

告密者正是該公司三分之一股票的擁有者——帕塔森。但是銀行卻非常信任賓森，他們以「缺少證據」為由拒絕了帕塔森的密告。

帕塔森以前也是原產地同盟的主要成員，曾參與蟒蛇運動，但卻和標準石油公司在當地的間諜阿奇博爾德有很密切的關係。除了帕塔森以外，阿奇博爾德又召集了賓森所想到的幾位股東進行顛覆工作。

帕塔森和其他四名內亂分子為了奪取公司，不僅造了許多空白股東委任狀，還僱用了全副武裝的黑人及帶著工具的挖井工人嚴格戒備總會場，這才完成他們的吞併計劃。

洛克菲勒的行動很快也很精密，整個兼併的計劃早已安排妥當。

首先，他祕密投資五百萬美元，成立了名為「美國運輸」的油管公司，一旦吞併泰特華德成功，美國運輸再增加投資三千萬

美元。

　　同時，在原產地到克里夫蘭，洛克菲勒鋪設口徑約一點一五公尺的油管；在原產地到水牛城之間，他鋪設口徑為十五公分的油管；在原產地和匹茨堡之間，也鋪設口徑為十公分的油管。

　　鋪設油管的技術問題，後起的洛克菲勒肯定吸取了泰特華德的很多經驗。這種優勢又把洛克菲勒的壟斷夢向前推進了一大步。

解散聯合企業

　　所謂托拉斯，是指生產同樣產品的多家企業不再各自為政，而以聯合的形式組成一個綜合性企業集團。卡特爾那種各自獨立的企業為了掌握市場，在生產及銷售方面結成聯合戰線的方式，已經比不上托拉斯的壟斷性了。

　　一八七九年，洛克菲勒幾乎擁有美國所有的煉油廠和輸油管道，成為全美二十名巨富之一。由於出色的業績和權力組織調度上的超凡能力，他被譽為「全國最偉大的商業奇才之一」。

　　然而此時洛克菲勒又在思索：如何才能讓那些合併的工廠合法地受制於標準石油公司？ 各個企業又怎樣能夠聯合起來，步伐一致地協調生產？

　　當時還沒有所謂的聯邦公司法，而根據俄亥俄州的法律規

定：「不允許該州的公司擁有其他州公司的股票。」也就是說，跨州經營是不合法的，顯然身為全國性組織的標準石油公司已然違反相關法規。

多德在當時是一個年輕的律師，曾寫過像是《油的大地》的抒情詩，思想保守、刻板。他在一篇文章裡揚言「小商人時代已經結束，大企業時代即將來臨」，受到洛克菲勒的高度評價，並高薪聘請他為法律顧問。

多德曾在一八七二年的賓州立憲大會上，作為民主黨議員慷慨激昂地痛斥標準石油公司是一條大蟒蛇，洛克菲勒卻能夠不計前嫌，唯才是用，表現出一個大企業家的胸懷和氣度。

洛克菲勒給出的月薪是五百美元，多德欣然應允。有人指責這是一種背叛，因為他曾代表石油原產地的商人對標準石油公司提出過訴訟。多德對這些指責並沒有多加理會，他不以為然地說：「這正像牧師被聘擔任薪水更高的工作時所說的那樣：『這完全是上帝的意旨。』」

從一八八一年至一九〇五年，多德一直擔任標準石油公司的首席律師和新聞發佈人。他逐漸成為洛克菲勒最得力的謀士，甚至後來在聽證會上，洛克菲勒會先看過多德的臉色才開口問題。

多德走馬上任之後，接二連三地向洛克菲勒提出自己的方案，前兩個方案被洛克菲勒否決了，第三個方案即是建立托拉

斯。

托拉斯是多德思索出來的法律紕漏，他是從《英國法》的信託制度中獲得靈感的。「托拉斯」是英語中 Trust 一詞的音譯，意思是「信用」。

各企業股東加入托拉斯企業結合體後，便將其擁有的股份交給「受託委員會」保管，並得到一份委員會發給的信託證書。受託委員會擁有股份，控制加入企業的支配權，將信託所得的收入分配給信託人——股東，其實就是一種壟斷方式。

洛克菲勒對這種天衣無縫的壟斷形式大加讚賞，興奮地對各位負責人說：「這樣，各家公司就能在不違背法律的情況下達到統一，讓合併的工廠合法地受制於標準石油公司。」

一八八二年一月二日，標準石油公司召開股東大會，宣布成立托拉斯。受託委員會利用折扣大聯盟和強迫收買等形式，吸收了七十二家煉油企業股份，其中有九名委員會成員。這九名委員會成員包括洛克菲勒、威廉、弗拉格勒、阿奇博爾德等，由以洛克菲勒為首的成員控制整個委員會，擁有企業結合體並代管股份。

信託證書發行了七十萬張，但是他們四人卻占了四十六萬多張，約占總數的三分之二，可見托拉斯比流產的改造南方公司的企業統一聯合體更家進步。

受託委員會可以決定各公司董事的人選，向第一線的主管

人員提出行動建議，也可以購買其他公司的股票，增設或廢除煉油廠。它猶如中央集權制，統管下級部門。

執行委員會下面還設立許多專門的委員會，比如生產製造、採購、國內貿易、國際貿易、運輸、輸油管道管理等。這些委員會裡有一批專家，專門研究各企業出現的專業問題並給予指導。

這樣，標準石油公司成了一個自給自足的大家庭，他們有自己的製造工業用酸、桶板、油桶、燈芯和油泵的工廠，而洛克菲勒就是這個大家庭最有權威的家長。

有人曾擔心：這種壟斷形式是不是容易墮落成沒有活力的龐然大物呢？

洛克菲勒很有信心地對人們說：「絕對不會，因為我們沒有剝奪各個公司的自主權，委員會只是提供總體的政策指導，透過交流經營業績數字，刺激各下屬公司為自身的利益做出最佳表現，鼓勵他們在競爭中努力。」

於是托拉斯很快就影響到南方，出現了棉花托拉斯、畜牧托拉斯、威士忌托拉斯；三十六家製糖公司也成立了托拉斯。各行業的托拉斯占了美國企業的百分之九十，它們如雨後春筍般，煥發出無限生機。

標準石油公司井然有序而和諧地運轉著，創造著驚人的業績：他們關閉了三十多家收購的設備陳舊的煉油廠，只有克里夫

蘭、費城和貝永的三家巨型煉油廠用當時最新的技術生產占世界總產量四分之一的煤油。他們擁有十萬員工，每天向歐洲出售五萬桶油。

洛克菲勒很看重國外市場的開拓，他還把擴張的目標指向拉丁美洲和亞洲，輕而易舉地占領了龐大的中國市場：他們贈送數百萬盞廉價的油燈，還把煤油裝在白鐵皮罐子裡銷售。百姓們用過煤油之後，用廢罐子作為容器，或是敲平了作為屋頂，增加了標準石油公司的煤油魅力。

不久，在俄國裡海岸邊的巴庫，突然出現了奇異的景觀：上百尺高的黑黑的油柱沖天而起，日夜噴湧不停。俄國發現了大油田，他們要把美國石油趕出俄國和歐洲市場。

瑞典人諾貝爾兄弟首先入侵到這塊領地。三兄弟中最小的諾貝爾，就是發明黃色炸藥、後來設立諾貝爾獎金的那位傑出人物。他攜帶大量資金來到俄羅斯，原來想買核桃木，卻被巴庫的黑金所吸引，投資開採巴庫油田，每天開採出一百萬加侖的原油；他還和俄國皇室、法國銀行家聯手，建立巨型煉油廠，把煤油銷往彼得堡和瑞典等國。

這時又冒出一個英國人薩絡，用他的耐熱油輪運輸石油，採取批賣方式和洛克菲勒爭奪市場，一心要把洛克菲勒的藍色油桶葬身海底。

後來，一個叫達提爾古的荷蘭人，又把在蘇門答臘新發現

油田的石油源源不斷地運往世界各地。

面對這三個巨頭的挑戰，標準石油公司開始在許多國家建立分支機構。他們和三巨頭談判鬥智，討價還價，劃分市場份額。雖然失去了獨霸歐洲的優勢，標準石油公司也還是占著舉足輕重的地位，僅在歐洲就有百分之六十的市場份額。

標準石油已經滲透到世界上最遙遠的角落，成為世界上最大最富有的商業組織，即使在經濟衰退時也能生意興隆。

標準石油托拉斯是美國歷史上第一個托拉斯，它的出現在美國工業史上宛如一聲驚雷，在它身後，眾多行業的托拉斯相繼冒出了地平線，英國和德國也紛紛效仿這種集中控制模式。

洛克菲勒在老年時回憶這個過程時說：

當時我只覺得散亂的小廠商互相殺價競爭是一種浪費，直到現在才覺悟，原來我們當時是處於時代的轉折點。個別競爭的生意模式漸漸被淘汰，取而代之的應該是聯營制度。

我們公司首當其衝地建立托拉斯，從此讓全世界改變管理與經營的方法，阻止了盲目的競爭，統一了混亂的市場。

一八九〇年五月的一天下午，俄亥俄州最高檢察廳廳長大衛‧華特森在書店買了一本《托拉斯——最近的企業聯合》。他拿回去閱讀後，發現該書不但徹底揭露了標準石油托拉斯的所有情況，而且指出有來自別州的人成了受託委員會委員。他認為這種托拉斯是無效的。

當時，製糖托拉斯的訴訟案件正在紐約州最高法院進行，於是，大衛 · 華特森決定檢舉標準石油公司有違反壟斷禁止法的做法。恰巧這時，《休曼反壟斷法案》（Sherman Antitrust Act）被華盛頓聯邦會議透過，該法禁止合約資金及外國合資等所有的跨州聯合。

洛克菲勒也毫不示弱，先後請出了全美律師協會分會長都德和高中好友馬克 · 哈那，對大衛 · 華特森的檢舉進行反擊。

然而，這些努力都無濟於事。俄亥俄州最高法院最後頒布了下令解散受託委員會的法令。

法令一下，阿奇博爾德馬上乘火車趕到紐約，將敗訴的消息告訴了洛克菲勒。洛克菲勒無奈地嘆了口氣，然後作了一個決定：「我們把總公司搬到紐澤西！」

發明新的脫硫法

在俄亥俄州最高法院頒布解散法令的第二天，洛克菲勒增加一百萬美元，在紐澤西州設立煉油廠，並決定將總公司搬遷到紐澤西。因為紐澤西不僅崇尚獨立原則，對壟斷的限制沒有紐約嚴格，而且紐澤西的地理位置對出口歐洲、亞洲非常有利。

此時，標準石油已經擁有一千萬美元資金，紐澤西標準石油公司正好可以憑藉雄厚的資本重振旗鼓。雖然公司仍受到壟斷法的種種限制，但是他們很快修正條款，經營範圍擴大到了礦

業、製造業、貿易及商業。

紐約標準公司幾經更名，最後定名為美孚。洛克菲勒為了使企業活動範圍更廣，他把公司資產擴大到一億一千萬美元。這時，標準石油成為石油集團企業的地位已經穩固了。

一八八五年五月一日，紐約標準石油公司搬到紐約百老匯二十六號，從辦公室望出去，可看到亞歷山大‧漢彌爾頓的住宅，這是一座上有自由女神的十層樓建築。辦公室裡沒有喧鬧和忙碌，一切都在有條不紊地進行，每間辦公室的門上都裝有保密暗鎖。

成功後的洛克菲勒依然過著簡樸的生活。他喜歡待在家裡，也喜歡下班後駕著馬車飛快地穿過中央公園。在冬天的日子裡，他經常在漆皮靴上綁著冰刀，在自家庭院的冰場上滑來滑去。

儘管洛克菲勒生活簡樸，衣著卻十分講究，纖塵不染。他戴著手套，頭戴一頂絲質禮帽，每天早晨都有一位理髮師給他修面，然後花上五美分，在第六大道乘高架火車到市中心上班。

洛克菲勒總是竭力為公司營造團結和諧的氣氛。員工們關注於自己的工作，避免不必要的感情糾葛，他自己也有意避談友情，對同事既不過分親密，亦不粗暴無理。沒人見過他發脾氣，或提高嗓門說汙言穢語。

在員工面前，洛克菲勒表現得舉止得體、平易近人，即使

聽到怨言也不會發怒。碰到員工時，他常輕聲細語地問：「怎麼樣？最近身體好嗎？」

他讓每位員工每年都有一次機會見到執行委員，為自己爭取加薪。

有一次，羅傑斯對一位有些結巴的員工說：「先生，我已經聽夠了，你沒有理由要求加薪。」

羅傑斯很不耐煩。那位員工無助地望著洛克菲勒，洛克菲勒卻面帶微笑地說：「我們還是再給他一次機會吧。」

他鼓勵員工們對公司提批評提建議，但是對於阿諛奉承深惡痛絕。

洛克菲勒在財務部擺了一臺健身器，他常在這裡活動身體。有一天上午他來這裡健身，一名新來的年輕會計不認識他，抱怨說：「這台健身器很礙事，誰來早點把它拉走。」

洛克菲勒心平氣和地找到管事的人，讓他把健身器挪到一個新地方。他剛離開財務部，一位老員工悄悄地對年輕會計說：「你知道他是誰嗎？他是洛克菲勒先生。」

年輕會計嚇得張大了嘴巴，整整一天都坐立不安，似乎在等待處罰，但整天下來卻平安無事，第二天、第三天也是如此。這位會計懸著的心才終於放下來，感慨地說：「他真是一位沒有架子的老闆。」

長期以來，洛克菲勒囤積奇貨異寶似的囤積了大批能人，他們智商超群，精明能幹，其中不乏過去的勁敵，現在都在同個地方勤奮地工作。

有一次，執行委員的巨頭們正在討論一項新的投資計劃，其中有人始終抱持反對意見，不過能言善辯的阿奇博爾德以演說家的架勢不斷擺出新的證據，最終使其無話可說。

在雙方爭論的過程中，洛克菲勒始終坐在沙發上不發一語，等到討論得差不多了，他起身告辭，直到隔天的會議才將自己的意見娓娓道來。其他人這才發現，做為執委會主席的洛克菲勒將所有人的想法分析理解地有多透徹。

洛克菲勒說：「我的一般規則是，在全體人員確信是英明的辦法之前，不採取重要的行動。在我們前進之前，我們總要弄清我們是對的，並計劃好應付各種意外情況。」

洛克菲勒平常沉默寡言到一種讓人望而生畏的境界，甚至有著不怒而威的效果，員工都對他肅然起敬。這樣的沉默在談判時往往會讓對手不知所措，猜不透他葫蘆裡賣什麼藥。

洛克菲勒竭力把自己融入團體之間，每天都和高層領導們共進午餐，但他從不坐在首席；坐在首席位置的是查爾斯·普拉特，因為他年事最高。

餐桌上擺放著的大多是普通的菜餚，不過總有一、兩樣是大家喜歡吃的菜。他們邊吃邊議論，主要是討論工作。素有演說

家稱號的阿奇博爾德是餐桌上說話最多的人，洛克菲勒則最安靜，只是偶爾插幾句話。

儘管標準石油公司在煉油、運輸和銷售等方面無所不能，可是直至一八八○年代初，它還只有四處石油生產基地。鑒於賓夕法尼亞的油田業已枯竭，洛克菲勒擔心可能不得不轉而使用俄羅斯原油，而這將會削弱甚至徹底打垮標準石油公司，於是在一八八四年就開始催促手下建立原油儲備。

一八八五年五月，在俄亥俄州西北部，一支正在尋找天然氣的勘探隊有了意外的發現，他們發現了一處大油田——萊瑪油田，噴出的油柱高達幾十米，產量驚人。至年末，這裡一下冒出了兩百五十幾個石油井架，並且一直延伸至印第安納州。

但美中不足的是，這批原油所含的化學成分中存在一些難以對付的問題，讓它在燃燒時在燈上形成一層薄膜，更麻煩的是，它的硫化物含量太高，會腐蝕機器，並散發出難聞的氣味。

阿奇博爾德說：「如果萊瑪石油能提煉出像樣的石油，我寧願把它全都喝掉。」

可洛克菲勒仍對俄亥俄—印第安納的油田充滿信心。他憑著一種不同尋常的靈感和對未來的預見性，在董事會上提出了要買下這片油田。

洛克菲勒用堅定不移的口氣說：「有這麼多的石油卻棄之不用，簡直讓人難以置信！」

　　以查爾斯‧普拉特為首的保守派們固執地反對洛克菲勒的意見。普拉特長得瘦瘦的，留著山羊鬍子，他精於管理，卻一向謹慎。

　　每次會議上，洛克菲勒只要表示要簽訂俄亥俄州的土地租約，普拉特一派就舉手反對。因為保守派們的反對，董事會不得不一次次開會討論。

　　有一次，普拉特還為此大發其火，把頭向後一揚，大聲說：「不行！」

　　無可奈何的洛克菲勒只好說：「那我用自己的錢進行投資，並承擔所有風險。兩年之後如果成功了，公司要把錢還給我；如果失敗了，我個人承擔損失。」

　　也許是被執著的洛克菲勒打動了，普拉特最後還是同意了：「既然你一定要這樣做，我們還是一起做吧。」

　　但洛克菲勒卻拒絕了普拉特的好意，「我想，我還是敢承擔風險的。」

　　於是標準石油公司花了數百萬美元買下萊瑪油田，丹尼爾‧奧戴急不可耐地立即鋪設了油管。至一八八八年，公司庫存的萊瑪石油達到四十四萬桶以上。

　　洛克菲勒到處尋找這種難聞石油的新用途。他派出一批批推銷員和技術人員去動員鐵路公司用石油代替煤炭作為機車燃料，勸說旅館、工廠和倉庫用石油作為燃料替換煤爐，但這些生

意並未做大。

　　一八八六年七月，為瞭解決品質問題，洛克菲勒聘請著名的化學家赫爾曼・弗拉希，委託他去掉萊瑪原油中的異味，把它變成可以上市銷售的商品。

　　弗拉希是個荷蘭籍的科學怪人。他身材矮小，脾氣急躁，南北戰爭後移民美國。他曾在加拿大的一家工廠為清除安大略酸性石油中的硫申請過專利。

　　洛克菲勒用信任的目光盯著弗拉希，說：「我相信你一定會取得成功。」

　　弗拉希開始了實驗、研究。他經歷了無數次失敗，投入的大量資金也一次次告罄。

　　此時標準石油公司正面臨著兩難的選擇：是相信弗拉希定能成功，還是冒著失去大筆財富的危險，等弗拉希做完實驗再說？

　　阿奇博爾德幽默地說：「看來我已經沒有必要喝光提煉出來的萊瑪石油了。」他為自己轉讓出一部分萊瑪油田的股票而感到慶幸。

　　洛克菲勒卻總是微笑著聳聳肩，讓大家耐心等待。

　　弗拉希經常通宵達旦地待在實驗室裡工作。當他有時心焦的時候，洛克菲勒安慰他說讓他不要著急。在工作有了一些眉目之後，洛克菲勒試探地問：「你現在有多大把握？」

「有百分之五十吧！」弗拉希謹慎地回答。

洛克菲勒的目光裡流露出信任和鎮定：「你需要什麼，儘管告訴我。」

一八八八年十月十三日，弗拉希終於找到了新的清除硫黃的方法——用氧化銅來沉澱硫黃，這種方法被稱為「弗拉希脫硫法」。洛克菲勒非常高興，馬上買下了專利，開始用這種方法提煉萊瑪石油。萊瑪石油身價因此倍增，從每桶十五美分猛漲到一美元，它的股票也迅速升值，短時間內上漲十倍。

洛克菲勒在萊瑪迅速開設了一家煉油廠，工廠規模宏偉，結束克里夫蘭和匹茲堡的煉油中心地位。

一八八九年，那裡又誕生了印第安納標準石油公司，並在距芝加哥市十七公里的地方建立起美國第一流的煉油廠。它單日處理原油三萬六千桶的能力讓阿奇博爾德興奮得渾身顫抖，忍不住寫信告訴洛克菲勒：「這簡直讓人難以置信。」

在一八九〇年代，洛克菲勒控制了萊瑪大多數油田，迅速地投身於石油的勘探和開採，建立了「產煉銷一體化」的石油企業典範，在美國石油業取得了堅不可摧的統治地位。

弗拉希的專利拯救了洛克菲勒和標準石油公司，把他們的事業推上新的起點，為他們帶來了驚人的巨額利潤。

後來，洛克菲勒在每家煉油廠都設立了試驗室，在百老匯二十六號的頂層也建立了一間。他穩步地應用科學技術來確保公

司的發展，將標準石油公司轉變成現代化的工業組織。

涉足鋼鐵和金融業

一八九〇年代，洛克菲勒在壟斷美國石油的同時，逐步把勢力滲入鋼鐵、煤炭、鐵路等行業。起初，他只是進行一些小規模的投資。

一八九〇年代初期，以伐木和捕魚為生的梅里特兄弟（Merritt Brothers）因為在山中伐木時探測出梅薩比（Mesabi）山脈有鐵礦脈，於是用十分便宜的價錢買下大片的土地使用權，以備日後開採。

梅里特兄弟先是遊說鐵路公司來鋪路，遺憾的是被公司拒絕，只好自己籌款開路，建成一條連接梅薩比和明尼蘇達州東部的杜魯斯市長達六十六公里的鐵路。此外，他們還添置了許多設備，以致負債纍纍。

一八九三年時運不佳，經濟大蕭條的衝擊使合夥人、貸款人紛紛退出，梅氏兄弟一下子焦頭爛額、瀕於破產。正在這時，由弗里德利克 · 蓋茲（Frederick Taylor Gates）介紹，他們結識了財力雄厚的洛克菲勒。

洛克菲勒在蓋茲的勸說下買了這條鐵路，這無疑是一項非常明智的投資，因為卡內基（Andrew Carnegie）和奧立微的公司每年至少在這條線路上運四十萬噸的礦砂。鐵路投資使洛克

菲勒在梅薩比礦區有了立足點。此後，在梅里特兄弟的進一步要求下，他們合建了「蘇必略湖聯合鐵礦公司」。

梅氏兄弟在新公司內擁有大量股票，掌握著經營管理的實權。在投機欲的驅使下，他們立刻發行了大量股票，但鋼鐵業受經濟蕭條的影響而行情暴跌，梅氏兄弟的公司自然也受到影響。

在梅氏兄弟再次陷入困境時，蓋茲利用洛克菲勒的巨大財力買下了公司的部分股份，而後梅氏兄弟又發動了一場聲勢浩大的訴訟，說洛克菲勒名下的礦區是負債。為了能在明尼蘇達州繼續做生意，洛克菲勒付出了五萬兩千五百美元使這場官司私下解決，使蓋茲能夠放手大膽地聚斂更多的礦產。

很快，洛克菲勒便買下了梅氏兄弟的全部股份，獨立擁有了「蘇必略湖鐵礦公司」和梅薩比這個全美最大的鐵礦。

雖然洛克菲勒有稱雄鋼鐵業的潛力，但是鋼鐵業風險大而且競爭激烈，年邁的他實在不願意再捲入激烈的商業競爭中，於是他想出一條妙計：建議卡內基與他合作，各管一方，互不競爭。卡內基只管煉鐵而不管開採，他管開採礦藏及運輸原料而不管煉鐵。

卡內基年事已高，亦不願再新開戰場，他同意了洛克菲勒的建議，於是在一八九六年雙方達成協議，即由卡內基公司租賃他的礦產，每噸礦砂租費為二十五美分，規定每年的開採數量不得少於六十萬噸，加上卡內基公司從自己礦井中開採出來的數量

大體相同的礦砂，運輸總量達一百二十萬噸鐵礦砂。這需要使用洛克菲勒所屬的鐵路，以及蓋茲在大湖區興建的龐大的礦砂運輸船隊。

這樣，卡內基公司可以保證獲得高質量的礦砂，洛克菲勒也有了固定的運輸客戶和一筆有保證的運輸收入。

當時，美國的商界華爾街的金融業霸主，號稱「華爾街主神」的摩根是一位神通無比的大人物。從一八九八年至一九〇〇，摩根公司和其他銀行家們組成了二十多個鋼鐵公司，想方設法培植對抗卡內基公司的力量。一九〇一年，有隱退之意的卡內基默許了摩根的吞併企圖。

於是摩根一夜之間便成了鋼鐵業的巨子，不過他馬上又注意到了洛克菲勒手中的東西：豐富的鐵礦、便捷的交通工具，再加上洛克菲勒在石油事業上豐厚的收入。這些使摩根決定合併洛氏的礦區和鐵路，否則會後患無窮。

談判最初是透過中間人進行，因為他們誰也不喜歡誰，他們有著完全不同的個性和生活方式。洛克菲勒第一次見到摩根，是在弟弟威廉的家裡。一見面就對摩根沒有好感。

這次，摩根為了自己事業的前途，不得不來求見洛克菲勒。洛克菲勒先給了他一個軟釘子，說是自己退休不管事了，不在辦公室會客，要他到家中面談，摩根只好跟著去了。這次會面很簡單，洛克菲勒只是說這項投資由小洛克菲勒和蓋茲負責，他

一定要與他們商量。

　　這一商量又沒有了下文，急壞了摩根。他請來私交深厚的羅吉斯來催促，羅吉斯就請了小洛克菲勒和他一起去摩根的辦公室。當小洛克菲勒走進辦公室時，摩根開始並沒有注意到他，他正忙著處理信件和談話。在羅吉斯作了禮貌的介紹後，摩根有些惱火地說：「怎麼樣，你們出什麼價錢？」

　　小洛克菲勒不慌不忙地回答說：「摩根先生，我看一定是有一些誤會。我並不是來出售的，是你急於要與我們合作。另外，據我所知，我父親是不喜歡自己開價錢讓別人來殺價的，應該在您看過我們的礦區之後，提出價錢，再讓我父親來決定。」

　　「噢，是這樣。」摩根的聲調聽上去有些改變。

　　一陣沉默之後，小洛克菲勒提議說：「假如您真有興趣要買這些資產，找一位能在價格上為您出主意的人，豈不更好？」

　　最後雙方商定，由亨利 · 弗利克充當提出出售價格的中間人。他是卡內基的親密同事。不久，摩根請律師擬了一個場外交易的價錢，出價七千五百萬美元。

　　洛克菲勒很嚴肅地對中間人弗利克說：「我並不急著賣掉我的產業，可是也不會擋你朋友的財路，不把這個利益給他。只是你們開的這個場外價太不合理，在我聽來似乎是最後通牒，出價又偏低，我不願意跟這種人做生意。」

　　談判陷於僵局，摩根只好再次找小洛克菲勒和蓋茲商量。

一九○一年三月，摩根最終接受了洛克菲勒的售價：梅薩比礦區資產作價八千五百萬美元，其中一半付新的「美國鋼鐵公司」的特別股，一半付普通股，另付現款八百五十萬美元買下運輸系統。洛克菲勒家族一舉成為這個全國最大公司的主要股東，小約翰也進入了該公司的董事會。

同時，摩根還吸收其他鋼鐵公司進入，如規模僅次於卡內基公司資產的聯邦鋼鐵公司。最後，摩根財團以十四億美元的巨額債券換取了所有加入者的資產，造就出一個新的實體，世界最大的工業公司和歷史上第一個超過十億美元的公司——美國鋼鐵公司。但是，在取得這項成就之後，摩根開始走向衰落。

早在十九世紀末，洛克菲勒就發現金融業的重要性。他與威廉首先在紐約花旗銀行進行投資，它是一家為原料進口商和美國棉花公司服務的銀行。

一八九一年，在洛克菲勒兄弟的支持下，紐約花旗銀行的大股東詹姆斯‧斯蒂耳曼當上了該銀行的總經理，從此，這家銀行成為標準系統的金融調度中心。洛克菲勒透過留在該銀行的威廉把巨額利潤投資於各個經濟部門。

在美國，花旗銀行是威廉及其夥伴設立或收買的工業聯合企業的金融中心，它只控制火災和損傷保險公司的泛美集團及投資信託公司的基本投資集團，並不控制任何龐大的人壽保險公司。

花旗銀行在外國的勢力非常可觀，在海地、中東及非洲都有眾多的分行。根據一九五五年統計，它的六十六個國外分行有僱員五千三百八十二名，占該行僱員總數的百分之四十一。海外存款總額約七億兩千五百萬美元，超過它在海外的勁敵大通曼哈頓銀行存款額的五分之二倍。

在花旗銀行控制的資產中，約有洛克菲勒家族或摩根家族的五分之一。它首先作為標準集團的副手而聞名，其次是當摩根集團在華爾街確定了領導權後，以追隨者的身分興起。

一九二〇年代，摩根家族和花旗銀行的首腦查爾斯‧密契爾關係密切，並從中得到莫大的利益。一九三三年，威廉的兒子佩西由於捲入克魯格火柴舞弊案件中，被揭發後被迫退出該行，但佩西的兒子詹姆斯僅僅在一個月後就被任命為該行的副總經理，一九五二年升為總經理。

除詹姆斯之外，威廉和詹姆斯的其他後代也在一些重要的金融機構中居於領導地位。埃佛里既是傑‧亨利‧施羅德銀行和施羅德信託公司的董事，又是該公司的附屬公司施羅德—洛克菲勒公司的合夥人和美國方面的股東。這些施羅德系統的公司是英德銀行集團的一部分。

另外，埃佛里‧小洛克菲勒是一家大投資銀行的合夥人，威廉的兩個孫子是另一個實力雄厚的公司克拉克—道奇公司的合夥人。

　　一九二〇年代，洛克菲勒石油事業的進一步發展需要有更強大的金融支柱。這時的洛克菲勒已退居幕後，由小洛克菲勒致力於金融業的發展。他們建立起自己的銀行，即公平信託公司，試圖取代花旗銀行，因為在花旗銀行中，他們還得考慮其他財團的意見。

　　公平信託公司原來是公平人壽保險公司的子公司，因為一九一一年《改革法》的實施，該公司被迫出售這些股份。小洛克菲勒在說服父親後，買進了這家公司的控制股份。

　　洛克菲勒和亨利‧福特（Henry Ford）一樣厭惡銀行家們和他們的機構。那時證券交易方面的圈套司空見慣，所以他不願意把自己的錢限死在銀行裡，但小洛克菲勒卻早在一九一一年就強烈要求父親把一部分資金投入一些放款公司和信託公司。

　　後來，小洛克菲勒的一些朋友支持了他，他的岳父納爾遜‧奧爾德里奇那時是國會中金融集團的代言人，代表著一九一三年建立聯邦儲備制度的立法推動力量，在管理全國貨幣方面確立了銀行家與政府之間的合作關係。總之，聯邦儲備制度彌補了許多曾使美國獨立以來深受其害的貨幣制度的缺陷。

　　公平信託公司買進後，憑藉洛克菲勒龐大的財產迅速擴張，至一九二〇年已擁有兩億五千四百萬美元的存款，成為全國第八大銀行。至一九二九年，藉由一系列詭計多端的合併，它吞併了十四家較小的銀行和信託公司，實力大增。

它不但成為全美實力最強大的銀行之一，在國外也開設了許多分行，成為洛克菲勒家族在金融業的一支重要力量。

一九二九年十二月，公平信託公司的總經理切利斯・奧斯汀突然去世，小洛克菲勒為公司的前途擔憂。他和心腹顧問托馬斯・德比伏伊斯商量之後，決定拜訪溫思羅普・奧爾德里奇，即小洛克菲勒的妻舅，請他出任該公司的總經理。

溫思羅普・奧爾德里奇在一九二○年代就是洛克菲勒家族的首席法律顧問，他接受了小洛克菲勒的邀請，擔任新的領導職務。不久，奧爾德里奇開始考慮合併的問題，因為要在困難重重的經濟環境中保持地位，只有與較大的機構合併才能有效地達到目的。小洛克菲勒和他的同事把目光盯在了大通國民銀行身上。

大通國民銀行是約翰・湯普遜於一八七七年成立的，進入二十世紀以後飛速發展，在一九○○年至一九三○年的三十年中，其中二十個年頭都有兼併活動，客戶網絡極為廣泛。

艾伯特・威金是這個時期它的傑出領導者。威金為該銀行的發展作出了重大貢獻，也為自己贏得了全國最大的銀行家之一的聲響。他組成了一個傑出的董事會，其成員有伯利恆鋼鐵公司的查爾斯・希瓦柏、通用汽車公司的艾爾弗雷德・斯隆、庫恩一洛布公司的奧托・卡恩等著名人物。

威金本人除擔任大通國民銀行的董事長外，還兼任五十家其他公司的董事，而每家公司必須在大通銀行存款，則是他兼任

各公司董事的一個條件。

在國內，大通和它的競爭對手花旗銀行一樣，也走「美元外交」的道路，使大通銀行在拉丁美洲的國家──特別是古巴──形成一股巨大的勢力。

為了爭奪大通國民銀行，一九二○年代，洛克菲勒和摩根展開了激烈的鬥爭，最後由洛克菲勒取得了這家銀行的控制權。一九三○年，小洛克菲勒等向大通國民銀行提出了合併的建議，並獲得同意。合併後的銀行仍以大通銀行命名。

新機構的高級職員和董事選舉威金為董事長，奧爾德里奇為總經理，洛克菲勒家族取得了重要的領導權。那時大通國民銀行擁有資產三十五億美元，是美國最大的商業銀行。一九五○年代，它吞併了曼哈頓銀行之後仍然是華爾街最大的銀行，實權也一直牢牢地掌握在洛克菲勒家族第二代、第三代手中。

當威金退休時，溫思羅普‧奧爾德里奇已成為大通銀行的代言人。一九三三年，他曾幾次前往華盛頓公開表明自己支持銀行改革的態度，並與羅斯福總統處理危機的精神結合起來。銀行界把奧爾德里奇看成是一個叛徒，但洛克菲勒家族卻支持他。他們看到必須改革，才能挽救銀行制度的艱難處境。

奧爾德里奇的主張是：投資業務與商業銀行業務必須分開，即長期放款和短期放款分開；禁止商業銀行出售證券，不准投資銀行接受存款，並且禁止投資銀行與商業銀行間兼任董事。這

就是一九三三年六月頒布的《格拉斯—斯蒂格爾法案》（Glass-Steagall Act）的主要內容。

當時的華爾街上流傳著這樣一個說法；奧爾德里奇是為了洛克菲家族能打破摩根家族對全國金融業的控制而效勞。

一九三三年，法律顧問費迪南德‧佩科拉和參議院所屬的銀行和貨幣委員會開始著手對金融業的調查，威金在這次調查中成為犧牲品。威金在繁榮的黃金時代曾大規模進行市場投機，通常憑藉大通股票動作，所需款項多向大通證券公司挪借，而他自己又兼任這家公司的總經理。

他的許多同事並不認為威金的這種活動有什麼不合法，但這種活動在調查中受到嚴格審查。

當國會的聽證會結束時，威金已經滿面沮喪，名譽受到玷汙，而在大通銀行，他往日的威信也不復存在了。此後，繼任的大通國民銀行董事長查爾斯‧麥凱恩又出席作證，並供認他個人也從大通銀行的貸款中得到許多好處。

不久，羅斯福總統在白宮單獨接見奧爾德里奇時說：「這樣的人不能再繼續管理銀行了。」

很快地，麥凱恩宣布離職，其中的奧祕似乎也不難理解。接著，溫思羅普‧奧爾德里奇就順理成章地接任了大通國民銀行的董事長一職。

這樣，洛克菲勒家族一舉控制了這家當時世界上最大的銀

行，完成它控制金融業的企圖。其後，奧爾德里奇作為大通銀行的董事長，為洛克菲勒家族管理金融事務達二十年之久。

這段期間，透過大通國民銀行，洛克菲勒家族還取得了對都會和公平這兩家人壽保險公司的控制權。人壽保險公司在華爾街的金融控制鏈中是重要的一環，由於大多數人都購買人壽保險，所以保險公司累積了巨額的資金，這些資金在投資後又產生了幾十億美元的利息，在為美國各大財團攫取更多利潤方面具有非常重要的作用。

一九三○年代，洛克菲勒掌握了大通國民銀行後，進而控制了大通所屬的投資銀行——大通證券公司。投資銀行的業務是籌集工業的基本資金，與商業銀行供給的中、短期資金不一樣。投資銀行把許多人的錢變為大量集結的生產工業資本，它們在組織新公司、安排合併以及工廠決定性的擴建方面佔據主要作用。

很快，這家投資銀行吞併了另一家華爾街老牌的投資銀行——哈里斯·富比士公司，改名為大通—哈里斯·富比士公司。由於一九三三年銀行法的頒布，不允許商業銀行擁有證券公司，波士頓第一國民銀行所屬的投資銀行——第一波士頓公司在競爭中失敗，透過與大通銀行兼任董事關係，被併入大通—哈里斯·富比士公司。

一九三四年，一家獨立的投資銀行，即第一波士頓公司正式成立，實權握在洛克菲勒家族手中，至一九五○年代開始進

入美國最大的投資銀行之列。它為洛克菲勒家族向國民經濟各部門的滲透造成了重要的作用。

在取得了大通國民銀行、都會、公平人壽保險公司和第一波士頓公司的控制權之後，洛克菲勒家族在金融界的實力迅速增長，一步一步取得與金融界霸主摩根家族抗衡的力量。

另外，洛克菲勒還以多種方式進行資本經營。

有一天，洛克菲勒在郊外看上了一塊地。他找到這塊地的主人，說他願花十萬美元購買。土地的主人拿到錢後，心裡還在嘲笑他：「這樣偏僻的地段，只有傻子才會出那麼高的價錢！」令人想不到的是，一年後，市政府宣布在郊外建環城公路。

不久，洛克菲勒的地皮升值了一百五十倍，城裡的一位富豪找到他，願意用兩百萬美元購買他，富豪想在這裡建造別墅群。但洛克菲勒沒有出賣他的地皮，他笑著告訴富豪：「我還想等，因為我覺得這塊地皮應該增值得更多。」

果然不出洛克菲勒所料，三年後，那塊地皮賣了兩千五百萬美元。

他的同行們很想知道當初他是如何獲得那些訊息的，他們甚至懷疑他和政府官員有來往，但結果令他們很失望，洛克菲勒沒有一位在市政府任職的朋友。

適時改變經營策略

一八九二年，當新設計的油船載著俄國巴庫油田的石油安全通過蘇伊士運河、開往新加坡和曼谷的時候，就意味著洛克菲勒石油壟斷集團在世界上遇到了挑戰。

這艘名叫「姆雷克斯號（Murex）」的油船和這家公司之後的所有船隻一樣，都以貝殼命名。這項油船運輸的大膽發起人是殼牌石油公司（Royal Dutch Shell Plc）的創始人馬可仕 · 薩姆爾（Marcus Samuel），而殼牌石油公司的成立和發展，始終伴隨著與洛克菲勒的殘酷競爭。

薩姆爾比洛克菲勒更有國際背景，他是一個猶太人，四海為家。當洛克菲勒在克里夫蘭建立標準石油公司時，薩姆爾還是一個內向、羞怯的少年。

薩姆爾和父親在倫敦泰晤士河邊的碼頭經營一家飾品店，在有了積蓄後，老薩姆爾便想與遠東的中國及泰國做生意。他先派兒子去亞洲考察，得知日本經濟很有潛力，他們便在一八七八年在日本橫濱設立公司，很快，倫敦—橫濱之間的運輸公司也由薩姆爾兄弟創辦成立。他們把機器從倫敦運到日本，又利用回程將貝殼、珍珠、塗料運往英國。

他們的生意越做越大，當發展到香港、曼谷、新加坡時，他們開始把英國的煤販賣到亞洲各地。透過一個叫雷恩的猶太商人，薩姆爾開始與羅斯查爾有了密切的接觸。薩姆爾開始把注意

力從煤轉向新的燃料石油。

此時，巴庫油田的石油已經由諾貝爾兄弟和羅斯查爾銀行合作向歐洲銷售，這就侵犯了洛克菲勒在歐洲的壟斷勢力。幾經較量，雙方達成暫時協議，約定共同瓜分歐洲市場，可是在亞洲，洛克菲勒決心要維持他的壟斷，絕不失去這個潛力巨大的市場。

當時，標準石油在亞洲的市場比不上歐洲，可是在薩姆爾販賣巴庫的石油之前，標準石油還是一統亞洲的天下。

薩姆爾參觀了巴庫石油之後，腦海中逐漸形成了一個大膽的想法：要戰勝洛克菲勒，一定要有自己特殊的手法。標準公司的石油是用桶裝或罐裝的方式運輸，巴庫石油假如仍用這種辦法，恐怕難以超過標準石油；只有建造油輪或採取批賣的方式方為上策。

雷恩表示反對，因為蘇伊士運河是否允許滿載燈油的船隻通過，這還是一個重要的問題。

蘇伊士運河是油輪從歐洲開往亞洲的必經之道，薩姆爾覺得雷恩的擔心有道理。他拜訪造船專家，研究耐熱油輪，在遠東的各個銷售中心建造儲油池的同時訂購新設計的耐熱油輪。

當薩姆爾的新船隊即將出現時，標準石油公司在倫敦掀起了一陣激烈反對油船隊通過蘇伊士運河的浪潮，企圖阻止英國對亞洲石油市場的入侵，不過薩姆爾在這時已經是市參議員，具有

一定的地位，經過他和身邊人的努力，最終仍是贏得了政府的支持。

一八九二年，第一艘石油油輪「姆雷克斯號」駛出了造船碼頭，經地中海進入黑海到達巴統（Batumi），裝載大批石油向西航行，從達達尼爾海峽、地中海到達蘇伊士運河。

「姆雷克斯號」通過運河後，「康奇號」、「克拉姆號」等油船也接踵而至。至一八九三年年末，他們把俄國石油定期運往東方的儲油池。這項挑戰使標準石油公司大為驚訝。

標準石油公司不肯輕易割讓亞洲市場，對殼牌石油發動一連串反擊，試圖重新維持全球的壟斷和「完美秩序」，卻使世界油價下跌，從而迫使一些小商人停產、破產。薩姆爾和日益強大的油船隊因為有俄國的石油供應與遍佈亞洲各地的銷售網，這才沒有垮掉。

一八九七年，薩姆爾成立了殼牌運輸貿易公司，自己擁有三分之一的股份，和他的家族一起有效地控制這家公司。此時，俄國因為西伯利亞大鐵路的破土動工需要大量石油，改變了以往對外國資本的保護策略，薩姆爾不得不開始尋找新的石油來源。

當他得知荷蘭屬地婆羅洲產石油後，決定派外甥麥克前去商談，想控制上游的生產以保證充足的原油供應。

接到舅父的密令，麥克很快就坐船趕赴印尼。也許是尋油心切，加上麥克不夠老練，他沒有經過仔細的調查研究，冒冒失

失地以兩千五百英鎊的價格買下婆羅洲巴厘巴板的採礦權。

這次，他失算了。

東婆羅洲倒是有石油，可這裡的石油都超重，比重過大，即使精煉後也無法變成燈油。只有少量的原油蒸發成清油後，混在巴庫進口的燈油中才能出售。這時，因為波耳戰爭（Boer War）和中國清朝義和團運動的爆發，中國的燈油市場被封鎖，正好救了殼牌石油一命。

薩姆爾及時改變策略，竭力生產柴油機重油，而這正是南非波耳戰爭需要的。他還向倫敦海軍軍方建議用柴油引擎代替落後的煤炭，發了一筆戰爭橫財，同時鞏固他的地位。

「紡錘頂」油井在一九○一年出油的消息傳到倫敦時，薩姆爾又想出了一個妙計，隨即與海灣石油公司的創始人葛菲談判簽約，規定每年以固定的價格購買十萬噸石油，為期二十一年。這個數字相當於海灣石油總產量的一半。

不久，殼牌油船隊就把德克薩斯的石油運到了歐洲，在標準石油的根據地德國建立了一家公司。

日益強大的殼牌石油使標準石油十分憤怒，洛克菲勒派出了能幹的阿奇博爾德去進行收買工作，可阿奇博爾德失敗了。他有些不平，曾經他為標準石油公司收買了多少家公司？他自己也是被收買過來的，可眼前這個對手實在太難以對付了。

標準石油公司還有另一個難纏的對手，那就是荷蘭皇家石

油。儘管規模比殼牌石油公司小，但它擁有東印度的寶貴石油資源；在傑出的德特丁率領下，荷蘭皇家石油不久便發展成能與標準石油和殼牌對抗的一股力量，形成三足鼎立的局面。

德特丁原是荷蘭皇家石油公司的記帳員，是一位船長的兒子。他瞭解石油知識，是一個會計天才，工作效率極高，而且冷酷無情、專心致志，年僅二十九歲就負責管理公司整個遠東地區的石油推銷工作。至二十世紀初時，他已然成為這個公司年輕有為的領導者。

阿奇博爾德試圖收買殼牌石油的同時，德特丁的手也想伸進殼牌石油。當時，薩姆爾已經被封為第一個石油爵士，並被選為倫敦市的市長，達到一生中的頂峰，其顯赫與豪華都無與倫比。

這一次，殼牌石油和荷蘭皇家石油形成了暫時的聯盟，不過，他們各自都有自己的想法：薩姆爾想在聯盟中擔任主持人，德特丁則想借助殼牌的力量趕走標準石油的藍桶。

當薩姆爾擔任市長期滿，重新回到他的石油老本行時，他的殼牌石油便開始走下坡路了。正如報紙上所說的那樣，只剩下一個「空殼」了。

在一九○三年世界石油貿易衰退中，標準石油繼續削價，最終迫使殼牌的油船停運，而殼牌公司在德國的分公司，則因其夥伴德意志銀行搞鬼被趕出德國。薩姆爾被迫以屈辱的條件與德

特丁的荷蘭皇家全面合併。至此，荷蘭和英國兩家石油公司的鬥爭宣告結束，而這個新公司與標準石油的鬥爭還將繼續進行下去。

經過產業革命，美國的貧富懸殊越來越大，有五分之一的波士頓市民居住在臭氣熏天的貧民窟裡，針對洛克菲勒的抨擊也越發嚴厲了。許多揭露標準石油公司托拉斯壟斷真相的書籍，被那些因企業破產而失業的貧民搶購一空。

此時，俄亥俄州最高法院正在受理九起違反壟斷禁止法案的起訴案件；紐約總檢察官查理士 · 波拿貝魯特向紐約最高法院告發，聲稱標準石油公司有二十一件違反壟斷禁止法案的行為。

一八九六年，勞哈的暢銷書對洛克菲勒造成了很大的衝擊，使他的健康出現問題。醫生認定他罹患神經性胃黏膜炎，並引發了脫毛症，洛克菲勒不得不在第五號街住所裡發號施令，由阿奇博爾德臨陣指揮總公司。

一八九七年，洛克菲勒因健康惡化而退休，仍保留公司總裁頭銜。

洛克菲勒一邊指示阿奇博爾德購買羅斯查爾男爵在巴庫的石油公司股權，一邊創立英美公司以謀求對倫敦市場的進一步壟斷，後來又為了擁有德國市場創立德美公司。

然而，不如意的事情還是接二連三地發生了……

　　一九〇六年十二月十八日，聯邦政府依據《休曼反托拉斯法》在密蘇里州起訴，要求解散公司，被告中有紐澤西州石油公司和它下屬的三十七家分公司，還有公司的重要成員。

　　一九〇七年夏天，有七個聯邦和六個州的案子提交法院，控告標準石油公司制定壟斷價格、收取鐵路回扣、刺探對手機密。芝加哥法庭的頭號人物蘭迪斯法官最積極，他派人傳喚標準石油公司的幾個重要人員出庭。

　　這時的洛克菲勒已經六十八歲了，接連不斷的官司帶給他許多煩惱，他再次要求去掉總裁的虛銜，又被阿奇博爾德拒絕。他不得不為他做過的、沒做過的事情承擔責任。

　　一九〇七年秋天，經濟恐慌再一次襲擊華爾街，儲戶提光銀行的存款，連金融大王摩根都在哀嘆；他的銀行已經喪失了償還能力，只能坐以待斃。

　　洛克菲勒打給美聯社總經理斯通時說：「請引用我的話告訴公眾：國家信用良好，如果有必要，我可以拿出一半財產來幫助美國維持信用。」第二天見諸報端，果然產生鎮靜劑作用。在接下來的日子裡，指揮救助行動的摩根從花旗銀行裡拿到三百萬美元的救急基金，而這些錢都出自洛克菲勒在該銀行的存款。

　　「他們有了麻煩總是要找約翰大叔。」洛克菲勒頗為自得地說。洛克菲勒的公眾形象在這場危機中得到極大的改善，他成了公眾眼中的憂國憂民之士。

　　但是，這一切並沒能阻止政府對標準石油公司的訴訟如期進行。一九〇八年，美國舉行總統大選，哈特斯在俄亥俄克倫巴斯演講時，先是公開了一封阿奇博爾德寫給共和黨參議員赫雷卡的信件，在信中，阿奇博爾德提到用金錢賄賂赫雷卡。隨後，哈斯特又把接受標準石油公司賄賂的共和、民主兩黨參議員的所有黑名單曝光。

　　阿奇博爾德僱用了一個黑人管事的養子，他是個賭馬狂，瞞著父親欠了地下錢莊一筆鉅款。一天晚上，他在打掃阿奇博爾德辦公室時發現櫃裡的信件和電報，頓時生起邪念，打算託人將阿奇博爾德的祕密文件賣給新聞社，但是普利策新聞社的總編輯被這些文件驚呆了，拒絕購買。

　　後來，這些祕密文件被轉到了哈特斯新聞社的手中。哈特斯預付了一筆錢給這幫偷竊者，又與他們簽訂協議，在四年內不斷購買他們偷來的文件。

　　一九一一年五月十五日，美國聯邦最高法院終於對洛克菲勒和他的公司進行了「最後裁決」。裁決書含糊其詞地說：

　　七個人和一個法人機構曾祕密策劃旨在反對自己人民的勾當。為維護美利堅合眾國的安全，本法院命令，應於十一月十五日以前停止這種危險的陰謀。

　　美國聯邦最高法院宣判標準石油公司違反壟斷禁止法規，通知公司一定要解體，而俄亥俄州的判決也得到了最高法院的承

認。

標準石油公司最後被分解成三十八家獨立企業，洛克菲勒卸去石油公司的職務，威廉也辭去了公司的職銜。這是美國二十年來壟斷與反壟斷、企業與政府之間一場激烈的戰爭。

雖然大集團分成了三十八家公司，但是這三十八家公司總數達九十八萬股的股權中有二十五萬股在洛克菲勒手中，威廉和阿奇博爾德也掌握了總股權的百分之五十以上。

一九一二年一月，華爾街的變動令人費解。紐澤西標準石油的股票從三百六十點漲至五百九十五點，紐約標準石油股價也從二十六點漲至五百八十點，洛克菲勒其他所屬的股價同時大幅度上漲。洛克菲勒的個人財產由一九〇一年的兩億美元增至一九一三年的九億美元，長了近五倍。

當人們沉浸在歡呼和慶賀聯邦法院粉碎了美孚石油托拉斯的時候，在短短五個月內，美孚石油公司的股票又增值了兩億美元。這就是洛克菲勒發家的重要祕訣之一。

托拉斯從出現的那天起就遭到人們激烈的抨擊。雖然人們曾經對洛克菲勒的所作所為有過很大的爭議，甚至罵他是「大蟒蛇」、「魔鬼」，但是經濟學家和歷史學家還是一致讚揚他在建立現代公司制度方面的重要貢獻：

我們不得不承認的是，洛克菲勒在美國工商界的地位是獨一無二的。因為在一個推崇發明家而忽視管理者的年代，他為當

時和下一個世紀奠定了一種企業模式，建立規模經濟，這是一件多麼不容易的事情！

有這樣一個故事可以說明洛克菲勒在當時美國社會的地位和知名度。

有一個老頭，他有三個兒子，大兒子跟二兒子都在城市工作，他跟這個小兒子相依為命，在鄉下生活。

這一天來了一個人對他說：「我能不能把您的小兒子帶到城市去工作？」

老頭說：「不行，絕對不行，你給我滾出去。」

這個人又說：「如果我在城市裡為您的兒子找到另一伴，我能帶他走嗎？」

老頭還是說：「不行，你給我滾出去。」

這個人又說：「如果那個女孩子，也就是您未來的兒媳婦，是洛克菲勒的女兒，那您看可以嗎？」

老頭想了想，能讓兒子當上洛克菲勒女婿的這件事情打動了他，他同意了。

過了幾天，這個人就找到了美國的首富、石油大亨洛克菲勒，對他說：「我能否為您的女兒找一個老公？」

洛克菲勒說：「不行，滾出去。」

這個人又說：「如果我給您找的這個女婿，是世界銀行的副總裁，您看可以嗎？」

洛克菲勒答應了。

又過了幾天，這個人找到了世界銀行總裁，對他說：「您應該馬上任命一個副總裁。」

這總裁笑了笑說：「不可能，我已經有這麼多副總裁，為什麼還要任命一個，而且必須是馬上呢？」

這個人說：「如果我讓您任命的這個人是洛克菲勒的女婿，那您看行嗎？」

總裁答應了。所以，這個年輕人馬上就變成了洛克菲勒的女婿加上世界銀行副總裁。

積極回報社會

> 我很樂意把我的財富捐助給需要它們的人，
> 並與他們分享快樂。

> ——洛克菲勒

慈善事業的開創者

被稱為托拉斯工業的標準石油公司所提煉和銷售的石油，一八七七年起幾乎占當時美國同類產品總量的百分之九十，三年之後，所占份額已達百分之九十五。洛克菲勒不僅開創石油帝國，也開創了美國的慈善事業。

一八九〇年代，洛克菲勒走到了他人生的十字路口。

在已經度過的幾十年中，洛克菲勒一直在拚命賺錢，積累

了以億萬來計算的大筆財富，但由於一直以來忙於工作，洛克菲勒曾經健壯的身體終因操勞過度而變得糟糕起來。雖然他賺了很多錢，卻也受到許多責罵；為了要確保他的子孫在社會上不像他那樣被人痛恨，他選擇從事慈善事業。

事實上，洛克菲勒的慈善行動早在他年輕的時候就開始了，因為他篤信基督，早在兒時便受母親的教導捐錢給教堂。當他領到第一份薪水的時候，他便向自己承諾：他畢生都要捐出十分之一的財產於慈善事業。

隨著收入增加，洛克菲勒的捐贈也越來越多，至一八八四年已達到十一萬九千美元；由他捐贈錢款建立的斯佩爾曼學院，早已成為頗有名氣的黑人女子學校。

當洛克菲勒帶著家人去歐洲旅行時，他們每到一個地方，當地主人都會在報紙上對這位知名富豪表示歡迎，緊接著就是各種請求資助的信像雪片般飛來，以至回家的時候，他們不得不買一輛卡車把信件運到家裡，再由全家人慢慢地看。

此時的洛克菲勒正被他的巨額家產壓得透不過氣來。他每年從標準石油公司的分紅中得到三百萬美元；他還在十六家鐵路公司、六家房地產公司、六家鋼鐵公司、六家輪船公司和九家銀行和錢莊擁有股份。即使他每天躺在床上或者打高爾夫球，美元也會源源不斷地滾到他的腳下。

把賺錢當作最大樂趣的人，如今被如何花錢的問題困擾得

坐立不安，因為洛克斐勒一直有個神祕的信念：上帝給他錢是為了造福人類，並非歸他個人享用。他厭惡和遠離一切奢華。

他不願像鋼鐵大王卡內基那樣，把錢花在為普通人建立娛樂設施上，他想做的是對各階層的人都有好處、沒有半點私利成分、毫無爭議的善事。他要讓所花的錢可以達到持久的滿足，所以對於那些求助信，洛克菲勒從不輕易答應，他有自己的原則：

若捐給學校，他拒接捐助校舍的興建及日常花銷，而要把錢放在學校的基金上；他不喜歡任何學校或組織將所有的經費來源全放在他身上。當他發現受到捐贈的學校、機關和醫院的錢未被好好利用，便會轉而將錢投入有組織的社會團體。

他每次都希望他的捐款是一種拋磚引玉的行為，除非受益人能證明該項捐款將用於正途及用得經濟有效率，否則不會輕易答應捐款。

截至一九二〇年代，洛克菲勒基金會成為世界上最大的慈善機構，贊助的醫療教育和公共衛生是全球性的。他一生直接捐獻了五億三千萬美元，整個家族的慈善機構的贊助超過十億美元。

另外有趣的是，老年的洛克菲勒經常隨便給遇到的大人十美分，給小孩五美分，甚至也對輪胎大王哈衛‧凡士通這樣開玩笑地給過十美分。

雖然洛克菲勒對公益事業慷慨解囊，但對金錢有自己的獨

特理解；他始終踐行「只要是合法收入就應該歸自己」的信條。

有一天，在一個既髒又亂的候車室裡，靠門的座位坐著一個滿臉疲憊的老人，身上的塵土及鞋子上的汙泥表明他走了很多的路。列車進站後開始檢票，老人不緊不慢地站起來往檢票口走。

忽然，候車室外走來一個胖太太。她提著一個很大的箱子，顯然也要趕這班列車，可箱子太重，累得她呼呼直喘。胖太太看到了那個老人，衝他大喊：「喂，老頭，你幫我提一下箱子，我等一下給你小費。」

那個老人想都沒想，拎過箱子就和胖太太朝檢票口走去。他們剛剛檢票上車火車就開動了。胖太太抹了一把汗，慶幸地說：「還真是謝謝你，不然我肯定搭不上。」說著，她掏出一美元遞給那個老人，老人微笑著接過。

這時，列車長走了過來，對那個老頭恭敬地說道：「洛克菲勒先生，你好，歡迎你乘坐本次列車，請問我能為你做點什麼事嗎？」

洛克菲勒微笑地說：「謝謝，不用了。我只是剛剛完成一趟為期三天的徒步旅行，現在我要回紐約總部，謝謝你的關照。」

那位胖太太萬分驚訝地問道：「什麼？是洛克菲勒？上帝，我竟讓石油大王洛克菲勒先生給我提箱子，居然還給了他一美元小費，我這是在幹什麼啊？」

　　那位太太急忙向洛克菲勒道歉，並誠惶誠恐地請洛克菲勒把那一美元小費退給她。

　　洛克菲勒微笑著說：「太太，妳不必道歉，妳根本沒有做錯什麼。這一美元是我賺的，所以我收下了。」說著，洛克菲勒把那一美元鄭重地放在自己的口袋裡。

　　一八九○年之前，美國只有哈佛大學和約翰・霍普金斯大學等幾所大學，不過隨著社會的進步和人們生活條件的改善，求知慾增強，大學教育也跟著蓬勃發展。

　　一八八八年三月，一群浸禮教會領導人在華盛頓成立全美浸禮會教育學會，經過蓋茲的建議，興辦大學的事就此展開。蓋茲還寫了一份詳細的調查報告，得到洛克菲勒的欣賞。

　　弗里德利克・蓋茲出身於浸禮會牧師之家，家境貧寒。他畢業於美國羅徹斯特大學，大學期間從事過中間商，後來繼承父業成為一個牧師，並在一八八八年放棄牧師的職位，改擔任全美浸禮教會教育學會的祕書。

　　有一天，洛克菲勒邀請蓋茲共進午餐探討建立芝加哥大學。洛克菲勒說：「我認為我們正在取得進展，我們將會繼續探討這個問題。」

　　蓋茲離開的時候，洛克菲勒對他說：「我想邀請先生跟我一同去一趟克里夫蘭。」蓋茲立刻答應了。

在前往克里夫蘭的路上，蓋茲想：我一定要讓他先說捐款的事，這樣效果會更好。洛克菲勒銳利的目光好像刺探到蓋茲的內心，他平靜地說著不相干的話題，隻字不提建立芝加哥大學。

這時一位服務員過來清掃，不小心碰到了洛克菲勒的頭。服務員緊張地賠禮道歉，他卻用柔和的聲調安慰對方：「這沒什麼，我不會介意。」

晚上熄燈的時間到了，洛克菲勒若無其事地說：「希望你睡個好覺，晚安。」

蓋茲爬上了臥鋪，心裡感到失望又沮喪，他傷心地想：你明知我著急得要命，卻還在耍我啊。

在得到蓋茲的一系列保證之後，洛克菲勒終於鄭重地說：「我同意為芝加哥大學的重建捐款，但是你要先去籌備，並擬一項完整的計劃給我。」

一八八九年五月十八日，浸禮會在波士頓的提蒙禮拜堂召開大會。會議上，蓋茲宣讀了洛克菲勒的來信，信中說他將捐助六十萬美元作為建校的基金，希望能拋磚引玉、招來更多捐款，共同創建這所學校。

會場裡頓時一片沸騰，直至此時，蓋茲才真的有如釋重負的感覺。洛克菲勒在一夜之間，頭上又出現了金色的光環。

教友們紛紛響應洛克菲勒的建議，數日之內又收到三十多萬美元的捐款，捐款的人包括教友、商人、芝加哥大學的校友

等。

對於洛克菲勒來說，那筆六十萬美元的捐款不過是第一步，此後，他多次向這所學校投入資金以支持他們渡過難關。在他堅持十年之後，洛克菲勒決定停止資助，至此，他的捐款總額已達到八千萬美元。

洛克菲勒不但捐款，在學校創辦的過程中也不辭辛勞地幫助應徵各種教學人員，但他並不想管理這所學校，也不想借這項事業使自己揚名。

與此同時，越來越多的求助信把洛克菲勒壓得喘不過氣來。他請來蓋茲，開門見山地說：「我的原則是在沒有仔細調查一項事業之前，不會隨便地捐助，但這項調查花費了我大量的時間和精力，所以我必須有一位助手。」

「我完全同意您的看法。」蓋茲點頭說道。

洛克菲勒對蓋茲說：「我一直在留意您，我認為您是最佳人選。我想請您在紐約建立辦事處幫助我做慈善工作，由您負責調查和面談，把結果匯報給我後再決定怎樣做。您意下如何？」

「我願意接受您的建議，我將盡力而為。」蓋茲爽快地答應了。

三個月後，蓋茲在百老匯二十六號附近開了一家辦事處，還召集一批顧問，開始把老一輩的善舉轉變成現代化的慈善事業。所有的求助信從此直接送到蓋茲的辦公室。

　　在蓋茲認真調查之後，他把認為有價值的信件遞交給洛克菲勒，並把資料和他的建議寫成一條條簡潔而有說服力的備忘錄，讓人一目瞭然。

　　有一次，洛克菲勒請他順便看看自己的幾項新投資，但經過一番仔細調查，蓋茲驚訝地發現大約有二十個項目是別人設計的圈套，起因全是洛克菲勒輕信他的浸禮會教友。

　　當蓋茲把真相告知洛克菲勒後，大為震驚的洛克菲勒只好請蓋茲收拾殘局。蓋茲頓時一口氣兼任十三家公司的經理。他大膽地捨棄關廠，留下一間木材公司，並買下一大片森林大力發展，總算彌補洛克菲勒在騙局中遭受的損失。他本人也在其中投了資，獲取豐厚的回報。

　　對於洛克菲勒來說，蓋茲是最忠誠、最有能力的合作夥伴。他曾讚揚說：「在我所認識的人中，只有蓋茲把經商技能和慈善事業的天賦結合在一起，而且達到前人未能達到的高度。」

　　一八九二年十月，在蓋茲努力運作下，芝加哥大學正式成立。校長哈伯蓋了數座教學樓，在短時間內聘請到眾多一流的著名學者，讓芝加哥大學成功躋身於全國著名高等學府之列。

　　一八九七年的芝加哥大學五周年校慶，洛克菲勒終於被熱情執拗的哈伯校長請去。

　　他身穿普通的禮服、頭戴絲質禮帽，邁著有節奏的腳步走上主席台，一點也沒有大人物的顯赫模樣，但還是一下子吸引了

幾百雙眼睛的注視。人們對這位有些神祕感的傳奇人物充滿好奇。

在台上，哈伯校長熱情洋溢地訴說學校的成績，展望著誘人的發展前景，最後向學校的捐助人說：「我想我們尊敬的捐助人一定已經注意到，學校多麼需要建一座寬敞漂亮的禮堂，好代替這座簡陋的帳篷。」台上響起了掌聲和笑聲。

洛克菲勒只是微微一笑。他打破了原來的約定，站起來用沉穩的聲音說：「我要感謝校長先生，感謝今天所有來慶祝這輝煌開端的朋友們。這只是一個開端，今後的事業將由你們來完成，我相信你們會取得成功的。」

他的話被熱烈的掌聲打斷。

「這是我一生中最重要的投資，我很慶幸能和這所大學聯繫在一起。仁慈的主賜給我金錢，我怎能不把它用在芝加哥大學呢？」

會後，他在眾人的簇擁中，親手埋下建築禮堂的奠基石。

第二天，洛克菲勒穿上運動服，在學校行政人員的陪同下騎著自行車參觀校園，一邊向路旁歡呼的學生招手致意。

洛克菲勒的心情從來沒這樣好過。對於兩耳灌滿了「章魚」、「蟒蛇」攻擊聲的人來說，這無疑是最大的安慰了。

一九〇八年，蓋茲向洛克菲勒提議：「捐贈人的最高理想應當是創立一所能完全獨立於他而生存的學校，而我想你應該和芝加哥大學脫離關係了。唯有如此，才能證明你毫無私利可圖，不打算給自己樹碑立傳。」

對於蓋茲的這個建議，洛克菲勒起初並不認可，他說；「這是不可能的，因為我無法割斷多年來與它的感情紐帶。」

直至一九一〇年，洛克菲勒不得不承認蓋茲的建議是對的。在捐贈了一千萬美元後，他正式宣布和芝加哥大學脫離關係，但在那之後直至一九三二年前，他又陸續資助了三千五百萬美元。

組建醫學研究所

一八九七年夏天，蓋茲在回紐約喬治湖渡假時認識一位在醫學院求學的年輕人。透過他，蓋茲瞭解到許多醫學知識和醫學界的情況，並閱讀了《醫學原理與臨床實踐》，書中提到如何診斷一百多種不同的疾病，但是卻很少講到如何治療這些病，而且幾乎沒有指出引起病症的細菌是什麼。

蓋茲意識到，美國的醫學水準太過落後，遠遠趕不上某些歐洲國家——法國和德國都有著名的醫學研究所。建立一個醫學研究機構以提高醫學水準迫在眉睫。

回來後，蓋茲立即寫了一份極有說服力的備忘錄，向洛克

菲勒正式提出建立醫學研究機構的建議。

對當時的美國而言，這種類型的機構相當的陌生，甚至受到醫界普遍質疑：花錢請一些人胡思亂想，有什麼實際意義？

洛克菲勒也毫不例外。起初他對備忘錄表示沉默，可是他有對新鮮事物敏感的特殊細胞，蓋茲極富煽動力的遊說終於喚起他的冒險精神：既然這項善舉在美國無人問津，卻是最需要也最有前途的事業，為什麼不去試一試呢？

洛克菲勒最終決定要在紐約建立一所獨立醫學研究中心，還同意用他的名字命名。

洛克菲勒對蓋茲說：「要召集才智出眾的人，把他們從瑣碎的小事中解脫出來，讓他們去異想天開，不要向他們施以壓力，也不要多加干涉。我們要做的，是為他們營造一個能夠發揮想像力和創造力的環境，這樣的話，奇蹟也許會發生。」

洛克菲勒答應在十年中拿出兩萬美元捐贈，後來又增加到一百萬美元。小洛克菲勒參與了具體創辦工作，他到處奔波，後來成為第一屆受託委員會的主席。

一九○一年，在小洛克菲勒和七位著名醫生共同的努力下，美國成立了第一個醫學研究機構——洛克菲勒醫學研究所。

一九○四年，新改組的醫學研究中心成立，在弗萊克斯納的帶領下進行醫學研究工作。

新組建的研究所確實聚集了眾多精英，首席顧問是約翰‧霍普金斯醫學院院長，病理學教授威廉‧韋爾奇，學生們親切地稱他為「寶貝」。他舉止笨拙，喜歡詩歌、交際和美食，曾在德國留學，正在把德國高水準的醫學引進美國。

研究所首任所長、理事會主席是韋爾奇的得意門生西蒙‧弗萊克斯納。他身材瘦削，臉部輪廓和頭腦一樣清晰精確；辦事嚴謹公正，很符合洛克菲勒的要求。

有一天，一位記者試圖採訪弗萊克斯納，花了半天才在他實驗實裡的瓶瓶罐罐中逮住像蜜蜂一樣忙碌的弗萊克斯納。他扶了扶眼鏡，鄭重地告訴記者：「我們正在執行一個影響深遠的計劃，它將覆蓋疾病起因和治療的一切領域。」

一九〇六年，醫學研究所再度改組，從簡單的小研究所擴展成現代化的大型研究所，把研究部門與財務部門分開，由洛克菲勒、蓋茲、小洛克菲勒和墨菲等人專門成立了董事會來管理財務及行政，以便讓研究所的科學家能夠專心從事研究。

洛克菲勒從不干涉研究所的事，很少到那裡去。弗萊克斯納很欣賞捐助人的這種做法，他曾邀請洛克菲勒到研究所看看，這位捐助人謙和地說：「我不能占用大家寶貴的時間。」

「其實，我們這裡經常有人參觀。」弗萊克斯納急忙說。

「那就更不該去占用你們寶貴的時間了。」

有一天，洛克菲勒父子出去辦事，正好來到研究所附近。

小洛克菲勒看看父親的臉色，小心翼翼地說：「爸爸，您還從來沒來過這裡，我們一起去看看吧。」

洛克菲勒答應了，但很勉強。轎車終於停在研究所的大門口。洛克菲勒伸著頭從車窗裡往外看，卻不肯下車。

「爸爸，我們還是進去吧。」兒子在催促著。

「不，我看看外面就夠了。」

禁不住兒子的一再勸說，父親走進了研究所的大門，一位工作人員帶著他們走馬看花似地匆匆參觀了一遍。臨走時，他禮貌地對嚮導說：「謝謝。」從此再沒來過。

其實，他不願進研究所還有一個原因：他不想讓弗萊克斯納摸透他的底細，即是不是要增加捐款啊，什麼時候再捐贈啊。他喜歡給自己蒙上一層神祕的面紗。

蓋茲經常向洛克菲勒報告研究所的每一項重要工作，每一項誘人的探索，說得洛克菲勒驕傲不已。

洛克菲勒對弗萊克斯納說：「請你向同事們轉達我的話：不要怕做不好，不要急於出成果，把眼光放遠些，這是個長遠的計劃。我相信總有一天，你們會成功的。」

弗萊克斯納為他的通情達理和做事的氣魄深深地感動。由於經費充足又無壓力，研究所取得了重大的成績。

一九〇四年和一九〇五年之交的冬季，流行性腦膜炎像幽

靈一樣在紐約一帶遊蕩，有三千多人被奪去了生命。心急如焚的弗萊克斯納在馬身上培養一種試驗血清，然後在猴子身上進行了試驗，終於獲得了很大的成功。

一九〇八年一月，一位德國醫生給洛克菲勒打來電話：「尊敬的先生，我替一名腦膜炎患者注射這種血清，天哪，病人體溫不到四個小時就恢復正常，沒有出現反覆，很有希望能康復。感謝研究所研製的這種藥物。」

於是研究所大量製造這種血清，不僅治癒許多美國患有這種疾病的孩子，還把血清運往世界各地，使全世界的孩子大受其益。這項科學研究成果引人注目，並受到廣泛宣傳，是洛克菲勒研究所的第一個重要項目。

新聞媒體還把弗萊克斯納奉為奇蹟的創造者，此時的洛克菲勒興奮得眼裡充滿了淚水。

在奇蹟面前，應弗萊克斯納的請求，洛克菲勒為研究所建立了一所小型的附屬醫院。看到醫院的設計藍圖，洛克菲勒對管理具體事務的兒子說：「我們可不能亂花一分錢啊。」

醫院設有六十個病床及九個病床的隔離房，只收那些正在研究中的病例的病人，免費為他們治療。

一九一〇年，附屬醫院開業了，對五種重點研究疾病的患者實行免費治療。

後來研究所又增設了動物病理學部門和植物病蟲害部門。

至一九五〇年代,該研究所在紐約的大樓共有十一座。

在伊斯特河陡岸上這座科學的殿堂裡,弗萊克斯納組建了一支優秀的科學家隊伍,他為每一位專家建立一片領地,他們不斷創造著奇蹟。

野口英世博士在研究黃熱病預防疫苗、寄生蟲病、狂犬病及梅毒方面取得了傲人的成績,獲得很高的聲望;亞歷克西斯・卡雷爾博士首創血管縫合技術,為器官移植奠定了基礎,獲得一九一二年諾貝爾醫學獎;勞斯醫生發現了引起某些癌症的病毒;還有幾個醫生合作研究小兒麻痺症和肺炎等病症,都先後取得了諾貝爾獎。

在那個年代,研究所的科學家們成績卓著,他們共獲得了十二項諾貝爾獎,比其他任何一個研究所獲得的榮譽都多。此外,洛克菲勒研究所還擁有全世界最先進的設備。

醫學研究所不平凡的成績為洛克菲勒贏得了讚譽,他感到十分欣慰。小洛克菲勒對他說:「您建立的基金會沒有一個像研究所這樣深得人心,聽不到任何批評。我們的錢投資在這裡,可以造福世上的每一個人。」

洛克菲勒向研究所捐贈了六千一百萬美元,後來它變成一所專業性大學,並於一九六五年改名為洛克菲勒大學。在它的教師當中,光是一九七〇年代就有十六名諾貝爾獎金得主。

一九〇三年,洛氏家族創辦了第二項大的慈善事業:普通

教育委員會。它的宗旨是「在美國國內不分種族、性別或信仰地促進教育」，重點在幫助提高落後的南方黑人和貧苦白人的教育水準。

洛克菲勒向來重視黑人的福利，過去曾捐贈過數量可觀的資金，尤其是給南方浸禮會辦的學校和學院。一九○一年，小洛克菲勒到南方考察後，也對南方的落後和黑人的境遇深有感觸。

小洛克菲勒旅行歸來，心中便產生了一個計劃：他想用一種根本的辦法來幫助他們擺脫困境，即設立教育基金會。他向父親匯報了調查的結果，並與父親、蓋茲共同探討實現這個龐大計劃的步驟。

不久，小洛克菲勒代表父親捐出一百萬美元。一年之後，小洛克菲勒的岳父、參議員奧爾德里奇利用關係疏通國會，使普通教育委員會被批准成立；布屈里克博士被任命為執行祕書，蓋茲和小洛克菲勒等發起人被任命為受託委員會成員。

普通教育委員會成立之初就成為實施壟斷原則的一個實例，它是以洛氏家族的財力支持於一九○一年在南方教育委員會主持下聯合起來的聯合體。

這個聯合體不僅包括美國最早的慈善事業基金範例皮博迪─斯萊特基金會，還包括塔斯基吉─漢普頓教育綜合組織，控制著重建運動時期之後獲得自由的黑人所享受的高等教育。

　　斯基吉—漢普頓教育綜合組織的勢力很快就獨霸了南方，普通教育委員會又擴大其活動的主要範圍，使之遍及美國其他地區，成為美國巨大的教育組織。

　　在強大的基金支持下，南方各州的教育積極地向前推進，至一九一〇年已經用普及教育委員會的基金協助建立了一千六百所中學。這些新的中學為學院和大學輸送了更多的人才，也對八年制的小學教育帶來了一種新的意識。

　　隨著時間推移，普通教育委員會又意識到一個問題，即以農業為基礎的南方，落後的經濟把許多農村兒童拒於學校大門之外。只有改善南方落後的經濟、提高物質生活水準，學校教育才能達到應有的效果。

　　於是委員會把它的計劃擴大到研究如何幫助貧困的農民學習科學耕作方法，提高產量和收入的範圍。委員會在整整調查了一年之後聘用農業專家西曼 · 克那普博士研究示範耕作，幫助委員會實現這一構想。

　　直至一九一一年克那普博士去世，委員會對於南方農業的示範工作才漸漸減少，由農業部接管。這是普通教育委員會第一階段的成效。

　　第二階段著重於改進高等教育。蓋茲認為當時的高等院校分佈分散，水準低下，需要大力改進，於是鼓勵洛克菲勒再拿出錢來資助這項工作。洛克菲勒同意了他的建議。

在慎重考察的基礎上，委員會向一百三十四所院校捐助了兩千萬美元以上，而各院校又募集到了另外的七千六百萬美元。這些經費除了資助校方的用度，還撥出一部分專門用於提高教師薪水、改善教師生活，從而間接提高教師素質。

一九一五年，普通教育委員會不僅資助建立了示範性質的高等醫學院，還加強了像約翰・霍普金斯大學等著名大學的醫學院。在這前後，洛克菲勒捐款達到了三千三百多萬美元。

普通教育委員會還對在科學與曚昧間徘徊的落後的美國醫學教育進行重大改革。他們取締沒有科學儀器和掛圖的上百所學校，其中有洛克菲勒最心愛的順勢療法學校。至一九二八年，委員會已拿出七千八百多萬美元來推廣科學的醫學教育。

走向慈善事業的頂峰

對於洛克菲勒來說，他的另一項慈善事業——即洛克菲勒衛生委員會——的成立純屬偶然。

一九〇八年，當羅斯福總統在位時，美國南方的人民普遍生活清苦，而且大部分人患有鉤蟲病（hookworm）。

美國公共衛生署的斯泰爾醫生帶著一台顯微鏡，風塵僕僕地在美國南方各地奔波。他在患瘧疾和慢性貧血的人的糞便中發現了鉤蟲卵，以此證實自己的推測。

有一次，這位美國公共衛生局的醫生，在華盛頓的學術會

議上呼籲人們重視鉤蟲的危害：「長期以來，人們都認為南方人懶惰、好逸惡勞，但這其實是鉤蟲病把人弄得萎靡不振。那裡的窮人普遍患有瘧疾和慢性貧血，這是赤腳走路時從腳底感染上鉤蟲而引起的。鉤蟲寄生在人的小腸孵出幾千枚卵，它的毒液讓人衰弱。」

他陳述了自己的調查情況，提出了防治的計劃，可是他的話音剛落，立即引起一片哄笑，還有憤怒的譴責聲：「這真是天方夜譚！」

「一項多麼偉大而又愚蠢的發明啊！」

「這是哪裡跑來的瘋子在說瘋話！」

「簡直是愚蠢、荒唐至極！」

第二天，《紐約太陽報》刊登了斯泰爾的報告，標題很奇特：《致懶病菌找到了？》

斯泰爾的演講被人當成笑柄，嘲諷和打趣像蒼蠅似的跟隨著他，但他仍堅信真理在自己的手裡，也一直艱難地尋求資助好治癒那些可憐的患者。

一九〇八年，就職於普通教育委員會的斯泰爾參加了一個訪問南方的考察團，與他同行的是該委員會另一位成員佩奇。他們剛走出火車站就看到一個四肢畸形、步履蹣跚的男人。

斯泰爾對佩奇說：「你看見那個人了嗎？」

「哦，看到了。上帝，這是多麼可怕啊！」

「他是鉤蟲病患者。」斯泰爾解釋說。

「其實，治療這種病並不難。」斯泰爾接著解釋，「只要用幾劑麝香草酚使鉤蟲鬆開鉤子，再服用一陣子的瀉鹽把它打下來，不用多久病人就能恢復健康，而且整個療程只要五十美分。」

「這是真的嗎？」佩奇聽了又驚又喜。

「當然是真的，只是在南方患這種病的人太多了，我做過實地調查。大範圍治療要花很多錢，可是沒有人提供這筆資金，真是太遺憾了。」斯泰爾皺著眉頭，說出了心中的苦惱。

也許是斯泰爾的虔誠感動了上蒼，這回他可是遇到了知音。佩奇沉默了一會兒，認真地說：「您的發現太有價值了，我也許能幫助您。」

斯泰爾張大了嘴巴，簡直不敢相信自己的耳朵。希望之星真的冉冉升起了嗎？

佩奇把斯泰爾帶到了普通教育委員會執行祕書布屈里克博士那。聽過斯泰爾的描述，布屈里克又帶他去找蓋茲。蓋茲把洛克菲勒醫學研究所的弗萊克斯納請來，確認斯泰爾的資料後，蓋茲便跑去見洛克菲勒。

當時，洛克菲勒正在佐治亞州奧古斯特的博內爾飯店過冬，每天都要去打高爾夫球。小洛克菲勒受蓋茲的委託，來到飯

店徵求父親對消滅鉤蟲病計劃的意見。

小洛克菲勒說：「父親，現在有一件非常值得我們去做的事，我想，您一定會很感興趣。」

洛克菲勒用溫和的目光望著兒子，一邊隨轉椅來回轉動，一邊認真地聽著。他剛打完高爾夫球，還是一身打球的裝束，顯得年輕了許多。

小洛克菲勒詳細地敘述斯泰爾的發現，最後說：「蓋茲和我商量，我們可以用普及教育委員會的基金去資助，在南方發動一場消滅鉤蟲病的運動，這會造福很多人。」

洛克菲勒全神貫注地聽著，他停止了轉動，在短暫的沉默後開口：「近幾年，我每年都在南方住上一段時間，這已經成為我的一大樂趣。我開始瞭解、尊重這片土地，喜歡當地的社交圈，還認識許多熱心的朋友。」

洛克菲勒高興地笑了，但是很快又收斂了笑容，鄭重地說：「我想這是我們展開大規模慈善工作的一次絕佳機會，因為病情容易診斷，治療費用又很低。我同意執行這個計劃。南方的患者有兩百多萬人，這項計劃很快就會出現有目共睹的效果。」

「那麼您打算捐助多少？」小洛克菲勒在高興之餘沒忘了問實質性問題。

「我想拿出一百萬美元。儘管如此，這個決定只能在你認為合適的時候公開。」

　　委員會成立後積極開展預防和治療鉤蟲病。起初，他們的工作在南方受到嘲笑，但是堅持不懈的努力取得了輝煌的成就，到第五年治療基本結束時，已有將近五十萬人向鉤蟲病告別。

　　一九一三年，委員會還把消滅鉤蟲病運動推廣至五十二個國家，有數以百萬人被成功挽救。

　　這項卓有成效的工作使洛克菲勒受益匪淺：人們對洛克菲勒的名字的態度，發生了進一步的重大改變。

　　洛克菲勒並沒有對已經成立的幾項大型慈善事業感到滿足。他想開創一項永久性的慈善事業，捐款數目及影響都要超越以前。

　　蓋茲也曾向洛克菲勒提議，不僅要在國內開展慈善事業，還要將其推向國外，推廣世界性的醫學研究及全球性的基督教義，以增進人類身體和心靈的健康。

　　洛克菲勒慈善事業的頂峰，應該要屬一九一三年五月成立的洛克菲勒基金會，那是洛氏規模最大、資金最多、具有永久性世界影響的慈善事業，但它的過程卻一波三折。

　　早在一九一〇年，洛克菲勒就有建立信託基金的設想，他預設這筆巨大的資金範圍沒有限制，規模是世界性的，其宗旨是開展「觸及個人或社會的福利、不幸或悲慘生活根本」的活動。

　　蓋茲對這個想法非常贊同，他建議成立為全人類謀求幸福的永久性企業化慈善機構，透過受託人管理資金，為社會興辦福

利。

籌備工作大約進行了五年。一九○九年完成草擬計劃，洛克菲勒撥出標準石油托拉斯的五千萬美元證券作為最初的基金，並簽字認可這筆基金的產權屬於三位受託管理人：蓋茲、小洛克菲勒和他的女婿哈羅德・麥克里奇。

洛克菲勒開始向國會申請建立基金會的特許證，可是當時聯邦政府正在起訴他，反托拉斯運動也正值高潮，人們懷疑洛克菲勒的行為是另有所圖，事情也就因此被擱置，一拖就是三年。洛克菲勒不得不先廢棄他原先的捐款，但是成立基金會的決心沒有動搖。

他轉而向紐約州申請特許，由於該州的立法人士不算挑剔，他總算成功地在一九一三年五月獲得許可，成立「洛克菲勒基金會」。

洛克菲勒在成立後的兩年內總共提供一億美元供基金會使用，至一九一九年又增加了八千兩百八十萬美元——他在十年裡的投入相當於今天的二十億美元。基金會慢慢發展成一個國際性機構，大力參與各種國內外的救助工作和教育運動。

基金會的負責人也選定了，小洛克菲勒代表洛氏家族掌握大權。他當了四年的首任總裁，隨後又擔任二十三年的董事長。

蓋茲和格倫先生也為基金會貢獻了很多。

基金會剛成立時只有兩個人，分別是小洛克菲勒與祕書格

倫。格倫畢業於哈佛大學，是個傳教士的兒子，畢業後任職於母校。他機智又富有創造力，加入基金會後傾注了大量的心血。

在他之後，基金會又吸收了許多人，並選出除了洛氏父子和格倫外的六位委員為資金受託人，分別是蓋茲、傑德遜、弗萊斯諾、墨菲、海特、羅特。後來赫本和參加了基金會的工作。

格倫根據洛克菲勒提出的大原則，為基金會定下了六大原則：

一、基金會不做個人的接濟。

二、協助的範圍要廣泛，不可侷限一隅，除非是實驗性質的協助。

三、基金會不願協助任何能自助並助人的社區或集團。

四、基金會不接濟任何無權過問的機構或團體。

五、基金會不接濟任何長時期阻礙其資金有益運用的團體。

六、基金會願意捐贈給任何能徹底消除個人或社會危害和痛苦的團體。

洛克菲勒基金會首先集中力量攻克全人類的疾病，資助醫生和醫學研究人員向世界範圍內的流行病進攻，包括五十二個國家中的鉤蟲病、所有熱帶和亞熱帶地區的疾病，還有南美洲和非洲的黃熱病。隨後，這個世界上最大的慈善機構開展了許多有益的工作，例如發展玉米、小麥和稻米的新品種，消滅傳染病，為

倫敦、里昂、布魯塞爾和加爾各答等地醫學研究提供資助。

在美國國內，洛克菲勒基金會是醫學研究、醫學教育和公共衛生事業的主要贊助者。

洛克菲勒一生捐款五億三千萬美元，其中有四億五千萬美元投入醫學界。

一九二一年，中國北京出現了一幢幢有琉璃瓦屋頂的房子，翠綠色的琉璃瓦在陽光下熠熠生輝；這五十九座房子被人稱為「綠城」，它就是著名的中國協和醫學院。

中國協和醫學院的設備和教學水準在亞洲數一數二，為中國培養一代又一代掌握高超醫術的人才，並為中國現代醫學發展奠定基礎，而為這座醫學院提供建立資金的是洛克菲勒基金會，也是洛克菲勒最具雄心勃勃的計劃項目之一。

除了中國之外，洛克菲勒基金會在醫學研究方面的捐助還遠達倫敦、愛丁堡、里昂、布魯塞爾、聖保羅、貝魯特等地，加拿大也有收到他們在教育方面的資金援助。基金會協助的範圍涉及全球，洛克菲勒本人同樣因為慈善事業而省去大筆的遺產稅。

洛克菲勒為慈善事業注入現代化精神和新的內涵，帶來對新領域的關注，無疑對推進科學與文明的進步產生巨大的作用。

赫斯特的報紙寫道：

自從諾亞方舟在亞拉拉特山靠上陸地以來，全世界捐贈錢

財最多、取得效果最好的非洛克菲勒家族莫屬。

快樂的老年生活

在退休前的一段時間裡，洛克菲勒的生活很簡單，每天基本上就是來往於家庭、辦公室和教堂，頂多到戶外溜冰或騎馬。他對穿著沒有太大的講究，只要求穿得乾淨整潔，很少添置新衣。

他在飲食上更是隨便，只愛吃麵包、喝牛奶，不喜歡吃熱食。與家人共餐時，常常是家人先吃，聽他說話，等到菜湯涼了他才開始吃。他的臥室窗台上常常放著一袋蘋果，幾乎每天睡前都要吃上一顆。

就算過著平淡的日子，洛克菲勒也從沒有忘記他開創的石油事業。他保留著四十四歲時買下的紐約股票交易所裡的位置，也始終保留他在加利福尼亞標準石油公司的第一號股票。

在每年生日的那天，他會透過電視台向全世界說：「上帝保佑標準石油！」

洛克菲勒最大的樂趣就是不斷地改建自己的庭院。早在臨近退休的時候，他就在尋找理想的住所，後來是在離紐約市西北約三十公里的地方買到一幢房子；它坐落在波坎蒂科低矮的山丘上，站在陽台能看到奔流不息的哈德遜河和紐澤西的峭壁懸崖。一九○○年他又買下周圍的土地，最終擴大到三千畝。

　　遺憾的是，這棟房子在一九〇二年毀於一場大火。洛克菲勒只好暫時遷入莊園的另一幢房屋。他時常掛唸著重建的事，卻又總是拖延。

　　後來是由小洛克菲勒負擔起全部的責任，監督新屋的設計和營造工作。他和建築師、室內裝潢師互相討論，需要時還聘請一些專門的顧問，而洛克菲勒一方面讓兒子和建築師營建住宅，一方面也滿懷熱情地參與庭院的建設。

　　洛克菲勒請來一位設計師為他完成園林設計，還計劃在房屋周圍建一個兩百五十畝的花園，接著他親自接過工程，把設計師降為顧問。他甚至造了一個指揮塔，站在上面指揮佈置花園。他在勘測道路時親手畫線，直至天黑到看不見那些標準和小旗才作罷。

　　一九一三年十月，這座莊園的建造終於大功告成。他和妻子搬進了新居，但是此時的蘿拉重病纏身，剩下的日子已經不多了。

　　晚年的洛克菲勒聽從了助手們的勸告，逐漸從封閉中走出來，並在公司新設置的公關人員克拉克的安排下，在輕鬆的氣氛中接受了記者的採訪。

　　多年來，在老人的眼裡，洛克菲勒都扮演著神祕人物的角色。媒體中有客觀的報導，也有曲解和攻擊，但洛克菲勒堅信沉默是金，一概不予理睬。

一九○八年，在墨菲律師的幫助下，洛克菲勒平靜地回憶了往事，寫成了自傳《漫議》，並在雜誌上連載。透過回憶錄，標準石油公司某些被扭曲的事實真相和那些通情達理、富有人情味的一面，都展現在公眾面前。

洛克菲勒甚至接待了一個美國幽默作家代表團的來訪，他的機敏和幽默讓代表們欽佩不已，一致推舉他做他們的名譽會員。

洛克菲勒泰然自若地過著他的日子，成為一個愛說俏皮話和笑話，有時說幾句至理名言的快活老頭。他的服裝一改以前的深顏色，變得異常鮮亮和怪異，像一個退休的演員和時裝模特兒。

有一段時間，洛克菲勒因為胃腸疾病的折磨骨瘦如柴，後來經過一位德國醫生的治療重獲健康，又高又瘦的身體變得健壯，目光炯炯、步履矯健。

退休後，洛克菲勒很喜歡從事運動，似乎在有意彌補沒有童趣的童年。

一八九九年，他住在紐澤西州的酒店裡，和朋友詹森一起玩擲馬蹄鐵套柱遊戲。他姿態自如、百發百中。詹森興奮地說：「真是太妙了！洛克菲勒先生，看來您很適合玩高爾夫球。」

洛克菲勒和詹森來到住處附近的草坪上，他打了幾桿擦邊球之後，就令人驚奇地打出幾個超過一百碼的好球。

「這樣行嗎？」洛克菲勒試探地問。

「當然行！ 一百個人裡面也找不出幾個能打出這種好球的。」

「有些人不是能打得更遠嗎？」

「那要經過一定的訓練才行啊！」

洛克菲勒決心和妻子開個玩笑。他請了一位職業高爾夫球手到酒店偷偷地教他，每次球僅看見夫人蘿拉遠遠地走來便給他發個暗號，洛克菲勒就會躲到灌木叢裡。幾個星期後，洛克菲勒好像隨口對妻子說：「我看打高爾夫球是很有趣的運動，我沒打過，想試試看。」

洛克菲勒走到發球區、拿起球桿，一下子把球打到一百六十碼以外的地方。他裝作若無其事的樣子，蘿拉卻驚呆了，忍不住讚賞：「我早該知道你做什麼都比別人強，學什麼都快。」

洛克菲勒臉上露出孩子般的得意神情。

洛克菲勒迷上了高爾夫球，像管理他的公司那樣認真地糾正著每個不合規格的動作，孜孜不倦地探討著球藝，只用二十六桿就能完成六個洞的進球。他堅持每天打，終於使他一度近乎崩潰的身體恢復健康和活力，臉色由蒼白轉為紅潤。

而且每天上午十點十五到十二點之間的打球時間也為洛克

菲勒提供社交機會。他經常請朋友一起打，一到球場就先開一通玩笑，用幽默的語言說些趣事，有時哼哼讚美詩和流行歌曲，甚至吟誦自己寫的短詩。他規定球場上不談業務和捐贈的事，要是有誰違背了規則，就再也不會收到他的邀請。

洛克菲勒還熱衷於乘車出遊散心，這是他每天的必修課，風雨無阻。

他會和邀請的幾位客人一起坐在一九一八年出產的克萊恩—辛普萊克斯牌旅行轎車，飛馳在鄉間小道；這輛紫紅色的車裝有半截車門，備有七個舒適的黑色真皮軟座。他們沐浴著清新的空氣，一下吹口哨，一下唱聖歌，一下說笑話。

突然一輛轎車超過他的「坐騎」。一向爭強好勝的洛克菲勒問司機：「我們的車能再開快一點嗎？」

司機微笑著點點頭，加速的車子超過前面那輛車。洛克菲勒表情平靜地盯著前方，內心獲得了極大的滿足。

完美的人生終點

老年的洛克菲勒活動的圈子更多是在家人、同事和浸禮會教友中。一直以來他都是個好丈夫，對妻子絕對忠誠，充滿耐心和愛意。

一八八七年六月初，洛克菲勒破天荒地帶著一家人，在和石油帝國高級經理們揮手告別中登上客輪，到歐洲進行為期三個

月的渡假旅行。

他們在倫敦皮卡迪利廣場旁旅店的窗子裡觀看維多利亞女王登基五十週年的慶典，在瑞士的澤爾馬特揮汗如雨地登山，在法國巴黎的豪華餐廳裡研究看不懂的帳單，生怕上當受騙——這是洛克菲勒常年經商養成的習慣。

不過他們還是愉快地登上埃菲爾鐵塔欣賞巴黎的美景。他們駐足於塞納河畔觀看飄逸的白帆，在凱旋門前體會雄偉壯麗，在巴黎各大博物館欣賞精美絕倫的藝術品。

在義大利，欣賞完維蘇威火山、水盛威尼斯、羅馬鬥獸場和比薩斜塔之後，他們一家坐在羅馬的飯店大廳裡認真地討論，是不是真的像帳單上寫的那樣吃了兩隻雞。

「我記得是一隻。」伊迪絲固執地說。

「不，是兩隻。」貝西反駁著妹妹。

洛克菲勒說：「我想我能夠解決這個問題。約翰，你是不是吃了一隻雞腿？」

「是的。」兒子小約翰回答說。

他又問問女兒：「艾爾塔，我看見妳好像吃了一隻雞腿。」

「是啊。」艾爾塔趕緊承認。

他把頭轉向身邊的妻子：「親愛的夫人，我記得妳吃了一隻雞腿吧？是嗎？」

夫人微笑著點點頭。

洛克菲勒像主持董事會似地鄭重宣布：「雞沒有長三條腿，所以我記得我好像也吃了一隻雞腿，所以帳單上寫我們吃兩隻雞腿並沒有錯。」

一個小小的爭議就這樣順利解決了。

洛克菲勒還是深受孫子們歡迎的好爺爺。

一九一三年波坎蒂科莊園建成後，小洛克菲勒和妻子艾比的家庭也遷入這個世界，他們有一個可愛的女兒和五個有活力的男孩。爺爺對孩子們很寬容，對頑皮淘氣之舉從不干預。

所有小孩都喜歡到爺爺家吃飯，他們可以邊吃邊聊天，最喜歡的是聽他說故事。每次的甜點時間，爺爺就會繪聲繪色地開獎，都是貓呀狗的有趣故事，其中沒有說教。

有一回，洛克菲勒講了一個好心人的故事。他說：「有一個人心腸好極了，可就是太愛喝酒。一天夜裡，天黑得伸手不見五指，這位好心人喝得酩酊大醉，歪歪扭扭地走在路上，『咕咚』一聲掉進市鎮廣場的水槽裡。他拍打著水，高聲呼救。」

這時，洛克菲勒在空中揮動著雙臂，嘴裡喊著：「救命！救命！」把醉漢模仿得唯妙唯肖。

「鎮上的警察趕緊跑到出事地點，伸手去拉那個落水的人，可是醉漢卻糊裡糊塗地高喊：『不！不！不要管我，先救女人和

孩子！』」

　　孩子們聽到這裡，都樂得前仰後合。

　　蘿拉自一九○九年末起，大部分時間都臥床不起。每當家裡舉行宴會，洛克菲勒會摘下一朵花說聲「失陪了」，然後走到樓上把花獻給愛妻，把席間的趣事講給她聽。

　　一九一四年九月的金婚紀念日，他請來一支銅管樂隊在門前草坪上演奏孟德爾頌的《婚禮進行曲》，讓妻子坐在輪椅上與他一同欣賞。

　　一九一五年冬，蘿拉終於走了。洛克菲勒當眾哭了起來，這對他來說是從未有過的事。為了紀念妻子，他捐贈七千四百萬美元設立了「蘿拉‧斯佩爾曼‧洛克菲勒基金會」，專門贊助她生前所支持的各項事業。

　　蘿拉去世後，洛克菲勒對南方的氣候更有興趣。一九一八年，他在佛羅里達州的錫布靈買下一幢三層樓的房子，房子掩映在高大的棕櫚樹下，花園伸向注入大西洋的河流，房間裡有一架鋼琴、一台漂亮的管風琴和一架留聲機，這會讓他的房間裡有時充滿了琴聲。

　　洛克菲勒不喜歡帶隨從，喜愛獨自在小城閒逛，有時會和鄰居聊聊天。在寒冷的日子裡，他會包著圍巾、戴上粗呢帽，一副怪老頭模樣。

　　一個男孩向他打招呼：「您好！約翰‧洛克菲勒先生。」

洛克菲勒笑瞇瞇地說：「如果你說『你好！鄰居約翰』豈不更好？」從此人們都按他的意願，叫他「鄰居約翰」。

每當過生日的時候，「鄰居約翰」都請附近的孩子們吃大塊的冰淇淋和蛋糕，還會無拘無束地參與孩子們的遊戲。

有一天，汽車大王福特路過這裡，沒打招呼就來拜訪他。他們在高爾夫球場上握手相見，談得很投機。福特後來對人說：「我一看到洛克菲勒鎮定蒼老的臉和犀利的雙眼，就知道是什麼造就了標準石油公司。」

洛克菲勒晚年的頭腦依然清醒機警。他在確信唯一的兒子有足夠的堅毅和能力支撐一切後，從一九一七年開始分期分批地把財產移交給他，直至一九二二年總共轉了四億多美元。他自己只留下兩千多萬元來炒股，而且在九十七歲時依舊在股市上奮勇搏殺。

洛克菲勒還有自己獨特的幽默方式。他讓祕書在報紙上發佈了一條消息，說他即將去天堂，願意給失去親人的人帶口信，每人收費十美元。這條荒唐的消息引起無數人的好奇心，結果他賺了十萬美元。如果他在病床上多堅持幾天，賺得或許還會更多。

只是與他巨大的財富相比，他的晚年生活顯得過於節儉。他飲食簡單，從不亂花錢，嚴格檢查家用帳簿，節日時只會和妻子交換小禮物，如手套、手帕、領帶之類，有時還寫上幾句溫馨

的祝詞。他強調的是禮物中蘊含的感情價值。

一九〇八年的聖誕節，小洛克菲勒破例送給父親一件貴重的毛皮大衣和皮帽。洛克菲勒說：「我萬分感謝你給我的禮物，我覺得我享受不了這種奢侈品，但是能有一個為我買得起這些東西的兒子，我非常高興。」

他禮貌地退回了禮物，不知所措的小洛克菲勒只好自己把這套貴重的禮物穿戴起來。

洛克菲勒經常給兒子寫信，用形象生動的語言教育孩子，如他在給兒子的第十三封信中寫道：智慧之書的第一章，也是最後一章，是天下沒有白吃的午餐。

裡面講到一個有趣的捉豬故事，他以故事的寓意告誡兒子：

一隻動物要靠人類供給食物時，它的機智就會被取走，接著它就麻煩了。同樣情形也適用於人。如果你想使一個人殘廢，只要給他一對拐杖再等上幾個月就能達到目的。

換句話說，如果在一定時間內你給一個人免費的午餐，他就會養成不勞而獲的習慣。

然而，洛克菲勒並非要兒子不幫助他人，而是告訴他如何真正地幫助他人：「是的，我一直鼓勵你要幫助別人，但是就像我經常告訴你的那樣，如果你給一個人一條魚，你只能供養他一天，但是你教他捕魚的本領，就等於供養他一生，這個關於捕魚的老話很有意義。」

「在我看來，資助金錢是一種錯誤的幫助，它會使一個人失去節儉、勤奮的動力，而變得懶惰、不思進取、沒有責任感。更為重要的是，當你施捨一個人時，你就否定了他的尊嚴；否定了他的尊嚴，你就搶走了他的命運，這在我看來是極不道德的。作為富人，我有責任成為造福於人類的使者，卻不能成為製造懶漢的始作俑者。我不把安逸和享樂看作是生活目的的本身，因為我稱其為豬的理想。」

洛克菲勒有規律地生活著，作息時間安排像時鐘一樣準確，這也許是他長壽的重要原因。其中有趣的是每天午餐或晚餐後，他都要玩一種「數字比賽」的遊戲，有時和客人玩，有時和家人玩。遊戲要求對數字反應敏捷，他玩得最精，經常是贏家。他自信能夠活到一百歲，相信上帝會給他這個恩賜。

一九三七年初，洛克菲勒的身體已經非常虛弱，但他的頭腦依然清醒。五月二十二日，他還和陪伴他的表妹伊文斯夫人說笑打趣。

五月二十三日的凌晨四點五分，他因為心臟病發作，在睡夢中平靜地離開了這個世界。這一天，距離他九十八歲生日還差六個星期。

洛克菲勒的死訊傳出之後，浸禮會教堂的司事敲響了樓頂的大鐘。他的親人、朋友和工作人員為他舉行了一個私人葬禮，遍佈全球的標準石油公司所屬機構的僱員們默哀五分鐘。二十七

日，他的靈柩運往克里夫蘭，安葬在母親和妻子兩位已故婦人的中間。

他逝世的消息成為當天報紙的大字標題新聞，各家報紙登載的訃告都高度讚揚慈善家洛克菲勒，人們似乎忘記了過去對他的謾罵，即使過去攻擊過他的人也如此。

那位曾經訊問過他的檢察官薩絡爾 · 昂特邁耶寫道：除了我們敬愛的總統，他堪稱我國最偉大的公民。

有幾個訃告把洛克菲勒寫的唯一一首總結自己一生的小調改成了詩：

我學習工作也學習享樂，

我的生命就是愉快假日，

充滿工作，充滿享樂，

上帝日日都在保佑我。

洛克菲勒在商界取得成功後，數十年來始終是一個有爭議的人物，既受人尊重，也被人藐視。世界鋼鐵大王卡內基，就稱洛克菲勒為「劊子手」，但是洛克菲勒對這種說法從不加以反駁。他把這視為自己的一種風格，不然美麗的薔薇永遠不會昂首怒放。

不管是非議還是讚譽，洛克菲勒活了九十八歲，親眼目睹近一個世紀的歷史變遷，這一點是共同的。他的「貪婪」，對事

業不斷地進取；他的自信，對失敗從不認輸；他的熱情，晚年熱衷於慈善事業；他的儉樸，億萬富翁也不縱情享受，以及他生活的規律，對體育的愛好，節食和素食等，這些都是值得人們稱道。

洛克菲勒的發跡和致富，在許多人眼中一直都是個謎。解鈴還須繫鈴人，他那別具匠心的碑文，也許概括了他不斷在平凡中發現奇蹟的傳奇一生，也許幫助不少人解開他身上的謎團──我們身邊並不缺少財富，而是缺少發現財富的眼光。

一生最大的財富

洛克菲勒說過，「賺錢的能力是上帝賜給我們的一份禮物。」出於對家族的責任感，年邁體衰的老洛克菲勒後來把這種人生觀傳遞給他唯一的兒子──小洛克菲勒。

洛克菲勒終於走完了富有傳奇的一生，他的慈善事業有了最滿意、最放心的繼承人，那就是他的獨生兒子小洛克菲勒。

洛克菲勒曾說：「我一生最大的財富是我的兒子。」

如果洛克菲勒是賺錢能手的話，小洛克菲勒就是用錢高手。他為家族的財富開闢了一條最有意義的發展道路，為父親和家族罩上了一個金色的光環。

小洛克菲勒成為家族掌門人後，不僅接管石油生意，同時負責家族的慈善事業，但他經常會因為無法在兩者之間找到平衡

而備受精神煎熬。小洛克菲勒曾經說，他在做生意時，感覺就像參加一場和自己良心進行比賽的賽跑。他還表示，父親給予的宗教思想教育時常使他產生懷疑：自己在生意場上所做的事情究竟是否正確？

一八八四年，小洛克菲勒曾進入紐約語言學校念了一年書，並於一八九〇年轉學到當時很有名氣的卡特勒學校。由於天賦異稟加上學習努力，十六歲的小洛克菲勒成績一直名列前茅，但就在這個時候，洛克菲勒夫婦卻發現他們的兒子罹患神經衰竭症，孩子被病魔折磨得骨瘦如柴，渾然無力。

為了拯救病兒，洛克菲勒夫婦不得不把他送去老家「森林山」莊園養病，過離群索居的生活，度過他的第十七個年頭。一八九三年九月，小洛克菲勒進入布朗大學。

小洛克菲勒在學校裡從不吸菸、不喝酒、不玩牌，過著浸禮會清教徒式的生活。他事無巨細，所有的開支都一絲不苟地記在帳本上。他的節儉生活成了校園裡的趣聞：這位大富翁的獨生子自己熨褲子、縫鈕扣、補擦碗布。

不過他在同學裡還很有人緣。他學習成績優秀，善於接納不同的觀點。他不再孤獨，走出封閉世界去參加合唱團、曼陀林俱樂部和絃樂四重奏樂隊，還嘗試越軌行為的快樂——對他浸禮教會的家庭而言——去劇院看莎士比亞的戲劇，參加舞會。

就是在舞會上，他邂逅了羅德島參議員納爾遜‧奧爾德里

奇的女兒，見過世面的艾比・奧爾德里奇。她身材高挑豐滿，舉止優雅，在經過長時間的戀愛之後，他們走入婚姻的殿堂。

一八九七年夏天，剛畢業的小洛克菲勒戀戀不捨地走出大學校園，並在同年十月一日開始到百老匯二十六號去上班。那是設在九樓的一間陳設簡樸的辦公室，他坐在卷蓋式辦公桌後面，每天和蓋茲、父親的祕書喬治・羅傑斯和一個電報員打交道，年薪是六千美元。

父親對待兒子的具體工作態度神祕莫測。小洛克菲勒說：「在我去上班之前，父親一字不提要我在辦公室裡做些什麼，在那以後也沒提過。」

也許父親真的要檢驗兒子的能力，讓他自己找到應走的道路吧？

洛克菲勒雖然在那一年退休，離開了辦公室，可對那裡的一切仍然瞭如指掌。在晚宴中，他會向客人說一聲「對不起」，然後詢問兒子一天做了什麼。他和藹地提出一些探究性問題，兒子這才意識到，這就是對他的方向指引了。

給予小洛克菲勒更多具體指導的是蓋茲。小洛克菲勒不再滿足於讓大家灌滿墨水瓶，而是跟隨蓋茲去明尼蘇達州產鐵的山區去旅行，去旁聽各種業務會議。他漸漸入門，在龐大的石油王國找到自己的位置，成為美國鋼鐵公司、紐澤西標準石油公司、花旗銀行、特拉華─拉克萬納─西部鐵路公司的董事。

　　小洛克菲勒很想到股市上顯顯身手。父親為了教會兒子投資技巧，以百分之六的利息向兒子提供貸款，同意兒子去買股票。小洛克菲勒在第一年賺了幾千元，他很興奮，躍躍欲試地想做出更好的成績，沒想到卻落入「華爾街之狼」的圈套裡。

　　「華爾街之狼」名字叫大衛 · 拉馬爾，是華爾街的經紀人。一八九八年，他與洛克菲勒的祕書喬治 · 羅傑斯相識，透過羅傑斯認識了小洛克菲勒。

　　這位經紀人穿戴體面又很健談，能講出一套投資理論，對工商界形勢也是一副瞭如指掌的樣子。

　　有一天，他找到小洛克菲勒，神祕地說：「現在美國各地對皮革的需求量很大，生產前景看好，我得到可靠情報，美國皮革公司的股票將要大漲特漲。聽說詹姆斯 · 基恩正在吃進這種股票。」基恩是著名的股票交易商，這點提醒很有誘惑力。

　　「我想，您應該抓住這個發財的機會。」經紀人告誡他說。

　　小洛克菲勒心動了，他把這當成是證實自己投資眼光和能力的大好機會，一下子把能吃進的股票都吃進了。

　　一個偶然的機會，小洛克菲勒得知這不過是一場騙局，所有的股票都是拉馬爾的：這邊在收購，那邊在狂拋，拉馬爾發了一筆大財。

　　小洛克菲勒一下子損失了一百多萬美元，他懷著愧疚的心情老老實實向父親懺悔，但父親在仔細地詢問了每一個細節，只

是淡淡地說：「別著急，我們一起渡過難關吧。」

小洛克菲勒幾乎不敢相信，父親沒有一句責備，也沒有喋喋不休的教導，更沒有大發雷霆。他深深地被父親的寬容所感動，而他從這件事中得到的教訓夠他一輩子受用了。

小洛克菲勒寧可過普通人的日子，把財富視為負擔，所以常常被疾病擊倒，可是獨一無二的繼承人地位，讓他只能不情願地挑起這副重擔。

一九一〇年，小洛克菲勒按照自己的心願辭去標準石油公司和有關公司的一切職務，專心致志地接手情有獨鍾的慈善事業。他首先在醫學研究所做了許多具體工作，是普及教育委員會的積極發起人和組織者，還為洛克菲勒基金會到處奔波。

小洛克菲勒唯一沒有辭去的是 CFI 公司的董事職務，沒想到該公司屬下南部煤田的勞資衝突卻把他推到了浪尖上。洛克菲勒擁有大量公司的股份和控制權，可是當他買下公司之後才發現，公司的管理層都是騙子和竊賊，蓋茲推薦的新領導人更是愚蠢的傢伙。

工人們無法忍受地獄般的生活，發動了罷工，公司則請國家警衛隊用武裝鎮壓，造成了流血事件。那是洛氏家族最難過的日子，法庭上的起訴、鋪天蓋地的輿論讓洛氏家族透不過氣來。洛克菲勒始終堅持強硬立場，反對工會，反對與工人對話。

正是在這個關鍵時刻，小洛克菲勒出面找到麥肯齊・金

——此人後來曾兩度擔任加拿大政府總理。他聽從金的勸告，不惜違背父親的立場，親自到礦區黑暗的住宅裡和工人對話，在法庭的證人席上公開向工人道歉，還逼迫公司管理層讓公司僱員進入董事會，成立勞資聯合小組以解決工人的困難，並允許工人加入工會。小洛克菲勒終於安撫了義憤填膺的公眾，成為整個美國改善勞資關係的先行者。

小洛克菲勒以非凡的勇氣為家族的公眾形像帶來了重大的改變。洛克菲勒不再計較兒子是否背叛他的主張，高興地對朋友說：「這件事做得太棒了！就是我親自出馬，也不會做得更好。」

這次事件讓小洛克菲勒對自己的能力和判斷力有了信心。

一九一三年，他說服老洛克菲勒買下了公平信託公司。由於家族財富的巨大潛在力量，至一九二〇年，公平信託公司已擁有二十五億美元的存款，成為美國第八個最大的銀行。

至一九二九年，透過一系列詭計多端的合併，公平信託公司吞併了十四家規模較小的銀行和信託公司，不僅成了全國最大、最強的銀行之一，在國外也開設了許多分行。它成為洛克菲勒家族日益複雜的金融計劃重要的部分。

後來，公平信託公司又成功地與世界上最大的銀行——大通銀行進行合併，並透過幾次較量將銀行董事會控為己有。小洛克菲勒在使大通銀行成為洛克菲勒金融勢力未來基石的同時，把他的一些美孚石油公司股票再投資於國際商業機器公司、通用汽

車公司和其他一些新的公司。這些投資都為他贏回了數倍的巨大利潤。

一九二四年，小洛克菲勒和夫人艾比帶著三個兒子到美國西部旅遊。他們來到黃石公園，第二天去看附近的巍峨陡峭、白雪皚皚的大特頂山。在海藍色天幕的映襯下，大特頂山顯得如此聖潔神奇，深深地震懾小洛克菲勒。

這時父親已經完成了財產的移交，他有將近五億美元的家產，便決定買下三萬多畝的土地，移交給國家公園管理局開闢成旅遊景點。他為仙納度國家公園、大煙山國家公園、帕利塞茲公園捐贈了大量的土地。小洛克菲勒的自然保護主義熱情受到人們普遍的讚揚。

小洛克菲勒讓被破壞殆盡的殖民時期首府威廉斯堡重現十八世紀時的風貌，又用巨大的投資重建迴廊藝術博物館，讓琳瑯滿目的中世紀藝術品館生輝，還為法國凡爾賽宮的修復慷慨解囊，成為保護與推進文化建設的積極贊助者。

最能代表小洛克菲勒成就的是洛克菲勒中心。

這是曼哈頓地區的一座城中之城，十四棟具有裝飾派藝術特色的錐形大廈直插雲霄。這裡有標準石油公司的新總部，還有美國無線電公司、全國廣播公司等許多大公司租用的辦公室。這群建築的崛起本身就是小洛克菲勒堅韌與能力的見證。

小洛克菲勒原來是與大都會歌劇院合作，想重建一個新的

歌劇院，可是在一九二九年的金融海嘯，原來的合作者撤資了。面對已經買下的大片土地，小洛克菲勒平生第一次作出大膽的決定：要獨資建立集辦公與娛樂為一體的樓群。

小洛克菲勒請來設計師把大樓設計成線條明快的未來派風格，他自己則在地板上面的圖紙上爬來爬去，用尺子認真地測量著。

一九三九年，在洛克菲勒去世後兩年，小洛克菲勒頭戴安全帽，親手釘上大廈的最後一顆鉚釘，那一年，他六十五歲。這個樓群成為美國經濟大蕭條時期最傑出的商業成就之一。

小洛克菲勒用父親給的金錢和自己的遠見卓識，把慈善機構發展成可以與標準石油公司比美的蔚為壯觀的帝國，而更令小洛克菲勒欣慰的是，他的五個兒子在事業上的表現更加出色，將家族的事業推上一個新的高度。

延續財富神話

中國有句老話說「富不過三代」，但是洛克菲勒家族發展到現在已經是第六代了，依然如日中天、獨「富」天下。

經歷一個多世紀的洛克菲勒家族仍在續寫輝煌的歷史，而且他們積極地參與文化、衛生與慈善事業，將大量的資金用來建立各種基金，投資大學、醫院，讓整個社會分享他們的財富。

洛克菲勒家的第二代父母對子女要求嚴格，積極引導、磨

煉意志、健全身心、自力更生、奮發圖強，最後使他們兄弟五人都成為出類拔萃的有用人材。

小洛克菲勒夫婦有意識地讓孩子們學會烹調技術和後勤工作，他們安排海豹港夏季住宅的女管家教男孩子們當廚師，並在不久之後同意吃男孩子們每週三替他們準備的晚飯。

有一天，小洛克菲勒夫婦剛走進餐廳，站在門口的長子約翰微笑著說：「爸爸，媽媽，請用餐吧。」

小洛克菲勒夫婦饒富興致地坐在餐桌前，拿起餐巾。三子勞倫斯端著一盤菜，小心翼翼地擺到桌面上，一絲不苟地按照順序端上菜餚，最後放上甜點。

這時，負責烹飪的約翰和次子納爾遜也坐上餐桌。

品嚐著滿桌子的美味佳餚，一向嚴肅的小洛克菲勒臉上露出了笑容：「孩子們，菜的味道很好。」

坐在餐桌另一頭的最小的兒子戴維，揚著一張天使般的圓臉說：「馬鈴薯皮可是我和溫思洛普削的。」

艾比笑著稱讚他：「你們真棒。」

這是一家人最開心的日子。這場別開生面的家宴完全由五個男孩包辦，從設計吃什麼、採買原材料、烹調到整理都是孩子親手準備，烹調的技巧則是向女管家學來的。他們每週都要這麼一次，成了家裡的規矩。

艾比說：「這樣做是讓孩子們懂得勞動的艱辛。」

為了讓孩子有自給自足的觀念，不是什麼都向父母伸手要，孩子們在波坎蒂科莊園裡開闢了一個菜園，並在園藝師的指導下整地、播種、澆水、鋤草。

在收穫的季節，孩子們看到自己種出的萵苣、黃瓜、西葫蘆和南瓜，高興地亂蹦亂跳。六歲的溫思洛普把他種的南瓜賣給了父親，三個大些的男孩則直接用小車把產品推到市場上賣給雜食店，只有戴維因為年紀太小不能參加，只能眼巴巴地望著興奮的哥哥們。

隨後納爾遜和勞倫斯轉去經營獲利更多的養兔業。他們倆買進洛克菲勒醫學研究所的公兔和母兔，再把它們的後代售給研究所，以賺取他們所謂的「淨利」。在十一和十二歲時，納爾遜認為自己和老弟勞倫斯是在合夥經商，絕不承認養兔是為了好玩。

兄弟中最忙的是納爾遜和勞倫斯，他們負責為全家擦皮鞋的任務，零用錢自然比其他兄弟多了。當然，別的孩子想要增加零用錢時也有不少家事可以做，這就是洛氏家族的傳統教育法。

有一天，約翰正在錫爾灣駕駛一艘破舊的划艇盡情地嬉戲，鄰居小孩卻問他：「你為什麼不弄一艘汽艇呢？」

約翰驚訝得瞪大了眼睛，反唇相譏：「汽艇？你以為我們是什麼人？是范德比爾特家的人嗎？」

他們哪裡知道，父親擁有的財產與鐵路大王相比竟然毫不遜色。

納爾遜在上大學後曾說：「我們從來就沒有家裡很有錢的感覺。」

兄弟們上大學以後，家裡給的生活費也很有限。小洛克菲勒要讓他們學會在經濟壓力下生活。

孩子們健康地長大了。他們沒有富家子弟樂於享樂和揮霍的惡習，卻有著獨立自主、蓬勃向上的精神。他們每個人都開創了自己的事業，這全靠嚴格有度的家庭教育，有賴於父母的以身作則、言傳身教。

長子約翰身材修長，舉止優雅，他的嚴於律己和靦腆的個性很像他的父親。他以優異的成績畢業於普林斯頓大學後，立即投身慈善事業，充當父親的助手。

一九三一年，約翰已經成為洛克菲勒基金會、普通教育委員會、洛克菲勒學會、中國醫藥會和其他共三十三個不同的理事會或委員會的理事。

一九二九年，一個偶然的機會使約翰有過一次環亞洲的旅行，他發現了一個影響各國經濟發展的大問題——人口過多，並於此後不遺餘力地投身於節制生育、控制人口增長的活動。

他歷盡艱辛成立人口協商會並任會長，慷慨解囊提供費用，派人到世界各地——特別是亞洲——調查人口出生率，設立

技術援助部門以對請求援助的國家給予技術援助。

　　他的不懈努力終於有了輝煌的結局。他草擬的一份關於控制人口增長的政策宣言分送給世界各國首長後，得到三十位世界領袖的簽字和認同，其中包括美國總統詹森。他本人也成了美國設立的人口增長和美國前途委員會的主席。

　　頭上已有了光環的約翰依然過著舒適而不奢侈的生活，他從不聲張自己，出門時不坐豪華轎車，也不住豪華賓館。

　　次子納爾遜的性格與哥哥完全不同。他開朗樂觀、精力旺盛，總是興高采烈、愛出頭露面。七歲時，他就對著比他小兩歲的弟弟勞倫斯說：「我長大了要當美國總統。」

　　他讀大學時是個受同學歡迎的人物，是橄欖球隊隊員，當過副班長，曾跟大學校長親密地坐在一起，兩人一起吃著花生米，邊聊天邊看體育比賽。他喜歡跟同學打成一片，經常騎自行車上學，但從不喝酒。

　　大學畢業後，他進入百老匯二十六號工作，成立特別工程公司，專門做出租洛克菲勒中心的房地產業務，在經濟不景氣的時期取得了驚人的成功。後來他擔任洛克菲勒中心董事會的主席，代替大哥成為第三代的中心人物，可是他對商業缺乏興趣，喜歡富有挑戰性的新奇事務，常被政治領袖所吸引。

　　一九四〇年他到委內瑞拉考察石油生意後找到一批智囊，寫出一份《西半球的經濟政策》，交給羅斯福總統的助手哈里．

普特舍斯，得到羅斯福的賞識，很快被任命為新設的美洲事務協調官，從此步入政壇。

在後來的日子裡，他在艾森豪的政府裡擔任衛生、教育和福利副部長，還被任命為總統外事特別助理。

他的仕途並不順利，從而深感權力的重要，決心要向總統的寶座攀登。作為階梯，他從一九五九年開始競選紐約州長，哈佛大學的歷史教授基辛格是他的競選團隊成員。他擔任了四屆紐約州長，政績不凡，可惜因為他與妻子托德離婚、娶了一位年輕貌美的女子為妻，大大影響了他的聲望，以致沒有獲得競選總統提名。

後來納爾遜只是擔任了福特政府的副總統，但洛氏家族的觸角已經伸入美國以至世界的文化、經濟、政治和外交等領域。基辛格為尼克森訪華打前站來到北京時，還與納爾遜透過電話。

三子勞倫斯沉默寡言但是機敏過人，有人說他的神祕莫測和冷漠超然很像他的祖父。他在普林斯頓大學畢業後就進入洛克菲勒基金會工作，可是他一直想自己做點什麼。

二十八歲時，他與朋友組建辛迪加，收購了東方航空公司成為最大的股東，又在麥克唐納飛機製造公司買了大量的股票，而這家公司因為第二次世界大戰的大批訂貨發了大財。他還參與了 V 型火箭和其他航天研製項目，成了著名的航天工業巨頭。

他善於捕捉商機，絕對相信自己的判斷力，曾驕傲地宣

稱，他投資有百分之九十的成功率。

他還繼承父業投身於自然保護事業。他花費兩百萬美元買下六千畝土地，移交給國家作為供遊人觀賞的種植園，在眾多的旅遊勝地建立漂亮的旅館，並榮任五屆美國總統的自然保護顧問，被人譽為「自然保護先生」。

四子溫思洛普長得高大英俊，卻缺少活力。他是最讓小洛克菲勒頭疼的兒子，抽菸喝酒，完全無視家族的戒律。他不喜歡讀書，認為跟油田裡那些粗魯純樸的工人在一起很開心，最終在阿肯色州找到了自己的位置。

他在阿肯色州買下大片土地，建立溫洛克農場。他穿著牛仔褲、長筒靴，戴著寬邊草帽在烈日下勞動，用心地經營著自己的產業。

他養的一種名叫「洛克」的種牛，三年就長成體重兩千四百磅的大個子，每頭價值三萬一千美元。他的農場成了阿肯色州的一大奇蹟，每年吸引著五萬多名遊客。

他在那裡還資助建立了師範學校和衛生所。

一九六六年，溫思洛普竟以絕對多數的選票當選為州長。在任期內，雖然他演講時有些結結巴巴，做出來政績卻很顯赫，為他的選民建立上百家企業，每個人的年均收入增加百分之五十。

最小的兒子戴維身高矮小，聰明而溫順。他喜歡和爺爺在

一起唱讚美詩，深得爺爺的寵愛。他做事穩健，有條不紊，從不讓父母擔心。

他在哈佛大學、倫敦經濟學院和芝加哥大學讀書和攻讀學位，獲得經濟學博士的頭銜。他一生都在大通曼哈頓銀行工作，憑著精明和才能成為銀行的董事長。他是美國金融界的霸主之一，還是傑出的國際銀行家，熱衷於國際事務的政治家、外交家。

一九七一年三月五日，戴維出席在羅馬舉行的歐洲企業家會議，他說：「美國應當與蘇聯，特別是中國進行更多的貿易。」

他說：「鐵幕應當為玻璃板所代替。」

同年三月九日，他又在新加坡的一次金融座談會上說：「我們應該與中華人民共和國建立聯繫。」

一九七二年，美國總統尼克森訪問中國，美國與中國正式建交。同年六月，戴維踏上中國土地拜會周恩來——他是第一位到中國訪問的美國銀行家。十天後，大通銀行被指定為中國銀行的客戶銀行。

二〇〇一年的秋天，戴維又一次出現在中國的北京。

洛克菲勒第三代的五兄弟分別成為美國政治、金融、工商企業等各個領域的巨頭，對美國的內外政策發揮著不可忽視的作用。

洛克菲勒家族的財富神話似乎仍在不斷地續寫⋯⋯

附錄

創造財富是令人快樂的事情，而當你發現財富的價值並能夠和他人共享時，你會覺得更加快樂！

——洛克菲勒

經典故事

我只要標準間

洛克菲勒去一家酒店住宿，他對櫃檯服務生說：「請給我一間普通標準間。」

這時酒店的老闆剛好路過，認出了洛克菲勒，聽說他要住普通標準間，走過來說：「先生，您需要我們這裡的套房嗎？我

們這裡的套房非常棒。」

「不了，我只要標準間就可以了。」洛克菲勒回答。

酒店老闆非常困惑，他說：「您那麼有錢，而且您的兒子經常在我們這裡住，每次他都住套房。」

洛克菲勒聽後並沒在意，回答道：「這也不奇怪，因為他的父親很有錢，但我的父親沒錢。」

請人吃西瓜

在一九三〇年代，美國有一位年輕人特別想發財，一天到晚想著自己怎樣才能發財，怎樣可以成為百萬富翁、千萬富翁、億萬富翁。可是怎樣才能實現自己的夢想呢？他決定先找一位有錢的富翁問問他是怎麼發財的。

這位年輕人拿來了當時的富豪排行榜，找到了當時排名第一的美孚石油公司的洛克菲勒。洛克菲勒從小的日子過得也很苦，也沒有上過什麼學，最後就成為億萬富翁了。

有一天，這位年輕人來到了洛克菲勒的家門口，按響了門鈴，巧的是當天洛克菲勒正一個人在家沒事做。他打開門一看，是一位素不相識的年輕人，於是就問他的姓名。

年輕人介紹說：「您好，我是一位十分想上進的人，我想和您討教一下，您是如何成為億萬富翁的？」

洛克菲勒把這位年輕人請進了屋。年輕人進屋一看，屋子

富麗堂皇、金碧輝煌。他從來就沒有見過裝修得這麼漂亮的房子。

這時，洛克菲勒先生對這位年輕人說：「今天家裡的傭人都放假了，我要招呼你的話，也不知道相關的東西在什麼地方。現在我只找到一個西瓜，就用它來招待你吧。」

於是他把西瓜切成了大小不等的三塊，對他說：「如果這三塊西瓜代表你以後可能得到的不同利益，你如何選擇？」

這位年輕人十分迅速地拿起那三塊西瓜中最大的一塊，洛克菲勒則選擇了其中最小的一塊。就在他還在吃著最大的西瓜時，洛克菲勒已經吃完了自己手上那塊，隨手拿起了另外的一塊，衝著年輕人哈哈大笑，又把第二塊西瓜也吃完了。

這時，年輕人一下子就明白了其中的道理。這三塊西瓜裡，雖然他拿的那塊最大，但是洛克菲勒吃的兩小塊加起來可比他的那一塊大多了。

吃完西瓜，洛克菲勒跟年輕人講起了自己成長與發財的經歷，最後和他說：「要想成功，你先要學會放棄眼前的那些利益，才能獲取長遠的大利，這就是我的成功之道。」

沉默是金

有一次，一個人氣勢洶洶地跑進洛克菲勒的辦公室對他進行無端的指責，甚至還用髒話大罵他，聲音很響。

辦公室外面的人都聽不下去，他們以為洛克菲勒會拿起喝水的杯子扔他，或者叫保安把他強行帶走。

但是洛克菲勒沒有這麼做。

他放下手中的工作靜靜地注視著那個人，聽他把話說完，始終都沒有開口，結果那個人慢慢地平靜下來，也罵不下去了。

其實那個人是有預謀的，他早在來之前就把所有要說的都想好了，甚至還想好了洛克菲勒怎麼還擊，可是結果卻出乎他的意料。

省下來的財富

一八八〇年代初，洛克菲勒曾在紐約視察一個下屬工廠，這家工廠灌裝五加侖一桶的煤油，供出口銷售。

他走進工廠，站在一台機器旁看油桶焊蓋的過程。他問一位技術工人：「您能告訴我，封一個油桶用幾滴焊錫嗎？」

「四十滴。」技術工人回答說。

「那麼，你試過用三十八滴銲接嗎？」

「沒試過。」

「那就試試吧。」

洛克菲勒說著離開了這台機器。「等一下我來看結果。」他回過頭來囑咐說。

　　過了一會兒，他回到這裡。那位工人報告：「用三十八滴試過幾次，都漏油，後來用三十九滴，油桶銲接得很嚴密。」

　　「那以後就用三十九滴，這要成為新的技術標準。」洛克菲勒一錘定音。

　　一年之後，洛克菲勒讓人算了一筆帳，他滿意地微笑著說：「就這一滴焊錫，一年下來就節省下兩千五百美元呢。」

　　還有一次，他看到木桶上的鐵箍有很大一部分是重疊的，他突發靈感，對一位管理人員說：「鐵箍的重疊部分能不能減少一些呢？如果鐵箍變短些，會不會影響木桶的牢固性？」

　　管理人員立即找工人做了實驗，然後把結果向他匯報說減短多少鐵箍可以不影響牢固性。他立即拍板：「好！以後鐵箍的長度就以今天試驗的為標準。」

　　這一項新發現讓每年的用鐵量又減少了許多。

孩子們的零用錢

　　洛克菲勒家族是石油界的巨子，資產無數，但這個家族的孩子們從小就要接受節約和勞動教育。

　　每個週末，孩子們會從父母那裡得到幾十美分的零用錢，至於怎麼支配完全由孩子們自己決定，但是他們必須詳細地記在個人的小帳本上，以備父母查詢。

　　如果孩子們覺得自己的零用錢不夠用，他們的父母不會再

給他，而是鼓勵孩子們透過自己的雙手去賺錢。所以在星期天的時候，洛克菲勒家的孩子們便忙著修剪草坪、打掃花園或者擦皮鞋。擦一雙皮鞋五美分，擦一雙長靴二十美分。

億萬富翁洛克菲勒對孩子是這樣嚴格地要求，正是這一種嚴格的愛，才能讓孩子獨立地成長。

誰說一美元算不了什麼

洛克菲勒是美國十九世紀的三大富翁之一，他一生至少賺進了十億美元，捐出的就有五億五千萬美元，但平時花錢卻十分節儉。

有一次，他下班想搭公車回家，缺一美元，就向他的祕書借，並說：「你一定要提醒我還，免得我忘了。」

祕書說：「請別介意，一美元算不了什麼。」

洛克菲勒聽了後一本正經地說：「你怎能說算不了什麼？把一美元存在銀行裡，要整整十年才有一美元的利息啊！」

這位億萬富翁對金錢的看法是：我非但不做錢財的奴隸，而且要把錢財當作奴隸來使用。

多疑的孩子

石油大王洛克菲勒的孩子生性多疑，為了讓孩子改掉這個毛病，洛克菲勒想了一個好辦法。

有一天，洛克菲勒帶著兒子到儲藏室收拾東西，讓孩子爬上一個高高的架子。

「父親，如果我上去了，您把梯子抽走，我不是就下不來了嗎？」

「放心吧，我怎麼會為難你呢，相信我。」

孩子果然放心地、勇敢地爬上了高高的架子，可是他的擔心變成了事實，父親把梯子抽走了。「您為什麼騙我？」兒子大聲地喊著，聲音中帶著憤怒。

「我是要讓你記住，一切都要靠自己，絕不能指望任何承諾。自己勇敢地跳下來吧。」

孩子躊躇再三，閉上眼睛，流著眼淚往下跳，可洛克菲勒張開雙臂，把孩子穩穩地接在了懷裡。

「父親！」孩子詫異地睜開眼睛。

父親撫摸著兒子柔軟的頭髮，就像是要拂去孩子剛才所有的委屈和疑心：「我要讓你記住，這世界上如果連父親都不能相信，還能相信誰呢？」

孩子將頭深深地埋進父親的懷裡，哭了。

世界上，「從來就沒有什麼救世主，也沒有神仙和皇帝，要創造人類的幸福全靠我們自己。」由歐仁‧鮑狄埃作詞的《國際歌》不只是唱給世界上受壓迫的人們，還唱給那些渴望在溫暖

的港灣裡尋求庇護的人。

一個人經過風吹雨打，才能更加健壯地成長，但是，我們不能執著於自立而不相信值得信任的東西，比如親情和友情。

它們可以給我們力量，讓我們學會堅強，這就是洛克菲勒要告訴孩子的道理。

年譜

一八三九年七月八日，誕生於美國紐約州里奇福德鎮的一個農場裡。

一八五二年，和弟弟一起進入奧韋戈中學學習。

一八五二年，全家搬遷至俄亥俄州的克里夫蘭。

一八五四年，進入克里夫蘭的一所中學就讀高中。

一八五五年五月，輟學。在福爾索姆商學院接受為期三個月的商業培訓，九月進入休伊特—塔特爾公司，擔任簿記員的工作。

一八五八年，離開休伊特—塔特爾公司，與克拉克合夥，成立克拉克—洛克菲勒公司，主要經營農產品。

一八六三，轉向石油提煉投資，成立安德魯斯—克拉克公司。

一八六四年，與蘿拉・斯佩爾・曼洛克菲勒結婚。

一八六五年，在拍賣會上買下安德魯斯—克拉克公司，更名為洛克菲勒—安德魯斯公司。開辦第二家煉油廠，成為克里夫蘭的第一大

煉油廠。

一八六六年，招入弟弟威廉 · 洛克菲勒為合夥人，成立紐約洛克菲勒公司，負責開拓歐洲市場和出口業務。

一八六七年，招入亨利 · 弗拉格勒為另一合夥人，公司更名為洛克菲勒─安德魯斯─弗勒公司。

一八七〇，創立標準石油公司。

一八七二，策劃組建「改造南方公司」，因輿論反對而放棄。

一八七四年一月二十九日，兒子小洛克菲勒出生。

一八八二年一月二日，標準石油托拉斯成立。同泰德沃特公司達成協議，奪取了百分之八十八點五的管道運輸業務。

一八八五年，標準石油公司紐約總部落成，百老匯二十六號成為公司的象徵。

一八八六年，標準石油公司在北美地區設了十一個營銷區，創立了天然氣托拉斯。

一八八七年，弗拉希用氧化銅去硫法提煉萊瑪石油成功。

一八八八年，在英國設立第一個標準石油公司海外分支機構──英美石油公司。

一八八九年，標準石油公司成立生產委員會，以保證原油供應組建印第安納標準石油公司。

一八九〇年，在不來梅成立德美石油公司。五月，俄亥俄州首席檢察官沃森向該州的最高法院提出公訴，要求解散標準石油公司。

七月，《休曼反托拉斯法》透過。

一八九二年，俄亥俄州最高法院裁定俄亥俄州標準石油公司放棄托拉斯協議。三月一日，托拉斯宣布解散。公司重組，紐澤西州的標準石油公司更名為紐澤西標準石油公司。百老匯二十六號的執委會成員變為二十家分公司的總裁。

一八九三年，開發梅薩比鐵礦。

一八九七年，因健康惡化而退休，仍保留公司總裁頭銜。

一八九九年，紐澤西標準石油控股公司成立。

一九〇一年，洛克菲勒醫學研究所成立。

一九〇六年，聯邦政府在密蘇里州起訴標準石油公司，要求解散。

一九〇八年，寫自傳《漫議》。

一九一一年，最高法院宣判解散標準石油公司。

一九一三年，洛克菲勒基金會成立。

一九三七年五月二十三日，逝世。

名言

●裝傻是一門學問。

●受不公正的指責時，莫發一言！

●除非你放棄，否則你就不會被打垮。

●凡事都得試試，哪怕希望微乎其微。

●我總設法把每一樁不幸化為一次機會。

●一個人不是在計劃成功，就是在計劃失敗。

●我們思想的大小決定了我們成就的大小。

●我需要強而有力的人士，哪怕他是我的對手。

●自作聰明的人是傻瓜，懂得裝傻的人才是真聰明。

●我想不出還有什麼事像縱情歡樂一生那樣的愚蠢的。

●上帝為我們創造雙腳，是要讓我們靠自己的雙腳走路。

●習慣如繩索，每天織一根繩索，它就會粗大得無法折斷。

●良好的方案往往不是由互相容忍得來的，而是爭吵的結果。

●記住，只要有一毛錢在身上，你就不是窮得一無所有。

●建立在商業業務上的友誼遠比建立在友誼上的商業業務來得好。

●智慧之書的第一章，也是最後一章，是天下沒有白吃的午餐。

●凡事都需要看得遠一點。你在邁出第一步的時候，心中必須裝著第二步。

●管用的是數字，記住我們是在為窮人煉油，他們必須買到便宜的和好的東西。

●往上爬的時候要對別人好一點，因為你走下坡的時候會碰到他們。

●不論是要贏得財富，還是要贏得人生，優秀的人在競技中想的不是輸了我會怎麼樣，而是要成為勝利者我應該做什麼。

●從貧窮通往富裕的道路是暢通的，重要的是你要堅信，我就是我最大的資本。

●知識是外在的，是我們對所見事物的認識；智慧則是內涵的，是我們對無形事物的瞭解；只有二者兼備，你才能成為一個全面發展的人。

●要尋找這樣一個人，他能夠完成你所需要他為你完成的具體任務，然後就放手地讓他做。

●我學習工作也學習享樂，我的生命就是愉快的假日，充滿工作、充滿享樂，上帝天天都在保佑我。

●要永保身心的和諧，善待自己的一生，愛家人和朋友，知道其可貴之處，這恐怕是無可比擬的良藥吧！

●忍耐並非忍氣吞聲，也決非卑躬屈膝，忍耐是一種策略，同時也是一種性格磨煉，它所孕育出的是好勝之心。

●沒有一桿完成的高爾夫比賽，你需要一桿一桿地打下去，你每打出一桿的目的，就是離球洞越近越好，直至把球打進。

●有些商業祕密是要嚴格保守的，否則你可能一事無成。對局外人來說，讓他保守祕密的最好方式就是什麼也不要告訴他。

●財富是意外之物，是勤奮工作的副產品，每個目標的達成都來自於勤奮的思考與勤奮的行動，實現財富夢想也依然如此。

●與其生活在既不勝利也不失敗的黯淡陰鬱的心情裡，成為既不知歡樂也不知悲傷的懦夫的同類者，倒不如不惜失敗，大膽地向目標挑戰！

●對我來說，第二名和最後一名沒有什麼區別。如果你理解了它的含義，那麼我以無可爭辯的王者身分統治石油工業就不足為奇。

●即使你們把我身上的衣服剝光，什麼都不剩，然後把我扔在撒哈拉沙漠的中心地帶，但只要給我一點時間，並讓一支商隊從我身邊路過，那不用多久，我就會成為一個新的百萬富翁。

國家圖書館出版品預行編目（CIP）資料

壟斷市場,奴役金錢的大慈善家：洛克菲勒 / 劉超著. -- 第一版.
-- 臺北市：崧燁文化,2020.05
    面；　公分
POD 版

ISBN 978-986-516-237-5(平裝)

1. 洛克菲勒 (Rockefeller, John Davison, 1839-1937) 2. 企業家 3. 傳記

785.28   109006267

書　　名：壟斷市場，奴役金錢的大慈善家—洛克菲勒
作　　者：劉超 著
發 行 人：黃振庭
出 版 者：崧燁文化事業有限公司
發 行 者：崧燁文化事業有限公司
E - m a i l：sonbookservice@gmail.com
粉 絲 頁：　　　　　　網　址：
地　　址：台北市中正區重慶南路一段六十一號八樓 815 室
8F.-815, No.61, Sec. 1, Chongqing S. Rd., Zhongzheng
Dist., Taipei City 100, Taiwan (R.O.C.)
電　　話：(02)2370-3310 傳　真：(02) 2388-1990
總 經 銷：紅螞蟻圖書有限公司
地　　址：台北市內湖區舊宗路二段 121 巷 19 號
電　　話:02-2795-3656 傳真:02-2795-4100　　網址：
印　　刷：京峯彩色印刷有限公司（京峰數位）
　本書版權為千華駐科技出版有限公司所有授權崧博出版事業有限公司獨家發行
　電子書及繁體書繁體字版。若有其他相關權利及授權需求請與本公司聯繫。
定　　價：330 元
發行日期：2020 年 05 月第一版
◎ 本書以 POD 印製發行